PİRİNÇ, BAHARATLAR VE LEZZETLİ HER ŞEY - PAELLA'NIN İNCİL'İ

İspanya'nın Değerli Yemeğinin Zengin Mirasını ve Çeşitli Tatlarını Keşfedin

EMRE KESKİN

Telif hakkı Malzeme ©2023

Tüm Haklar Rezerve.

HAYIR parça veya Bu kitap mayıs olmak kullanılmış veya iletilen içinde herhangi biçim veya ile herhangi araç olmadan the temiz yazılı onay veya the Yayımcı Ve telif hakkı ht mal sahibi hariç için mektup alıntılar kullanılmış içinde A gözden geçirmek. Bu kitap meli Olumsuz olmak dikkate alınan A yerine geçmek için tıbbi, yasal, veya diğer profesyonel tavsiye.

İÇİNDEKİLER

İÇİNDEKİLER 3
GİRİİŞ 6
BALIK VE DENİZ ÜRÜNLERİ PAELLA 7
   1. Karidesli Kuskus Paella 8
   2. Levrek Paella 10
   3. Deniz Mahsüllü Kaşarlı Paella 12
   4. Alaska Deniz Mahsüllü Paella 15
   5. Karidesli ve Chorizo Paella 17
   6. Karidesli ve Pirinçli Paella 19
   7. Maymunbalığı ve Midye Paella 21
   8. Istakozlu paella 24
   9. Karışık Deniz Ürünleri ve Tavuklu Paella 27
   10. Deniz Ürünlü Kalamar Mürekkepli Paella 29
   11. Istakoz ve Tarak Paella 31
   12. Karışık Deniz Ürünleri ve Chorizo Paella 33
   13. İstiridye ve Sosisli Paella 35
   14. Somon ve Kuşkonmaz Paella 37
KANATLI PAELLA 39
   15. Tavuk, Karides ve Chorizo Paella 40
   16. Düdüklü tencerede deniz mahsullü tavuklu paella 43
   17. Tavuk Kuşkonmaz Paella 45
   18. Tavuk ve Mısır Paella 48
   19. Izgara Tavuk, Sosis ve Karidesli Paella 50
   20. Tavuklu ve Siyah Fasulyeli Paella 53
   21. Tavuk ve İtalyan Sosisli Paella 55
   22. Tavuk ve Deniz Ürünlü Paella Salatası 58
   23. Tavuk ve Lima Fasulyeli Paella 61
   24. Tavuklu ve Güneşte Kurutulmuş Domatesli Paella 63
   25. İspanyol Tavuklu Midye Paella 66
   26. Hindi ve Sebzeli Paella 69
   27. Ördek ve Mantarlı Paella 71
   28. Cornish Tavuğu ve Chorizo Paella 73
   29. Hindi ve Deniz Ürünlü Paella 75
OYUN ETLİ PAELLA 77
   30. Geyik eti ve yabani mantarlı paella 78
   31. Yaban Domuzu ve Chorizo Paella 80
   32. Sülün ve Sebzeli Paella 82
   33. Elk ve Kuşkonmaz Paella 84
   34. Bizon ve Sebzeli Paella 86
   35. Yaban Ördeği ve Kestaneli Paella 88
   36. Bildircin ve Kabak Paella 90
   37. Yabani Hindi ve Kızılcık Paella 92
   38. Bizon ve Mısır Paella 94

39. Tavşan ve Kırazlı Paella 96
40. Bıldırcın ve Mantarlı Paella 98
41. Tavşanlı ve Sebzeli Paella 100
42. Tavuk, Tavşan ve Chorizo Deniz Ürünlü Pilav 102

MAKARNA PAELLA 104
43. Paella Primavera 105
44. İstiridye ve Baharatlı Sosisli Makarna Paella 107
45. İspanyol Erişte Paella (Fideuà) 109
46. Paella Usulü Kabuklu Deniz Makarnası 112
47. Tavuk ve Chorizo Makarna Paella 114
48. Sebzeli ve Mantarlı Makarna Paella 116
49. Karides ve Chorizo Orzo Paella 118
50. Tavuklu ve Yeşil Fasulyeli Makarna Paella 120
51. Ispanaklı ve Enginarlı Penne Paella 122
52. Orzolu Sebzeli Paella 124
53. Sosis ve Mantarlı Orzo Paella 126
54. Karides ve Kuşkonmaz Orzo Paella 128

ETLİ PAELLA 130
55. Yeşil Domatesli ve Pastırmalı Paella 131
56. Pastırma ve Tavuklu Kimchi Paella 133
57. Sığır Eti ve Deniz Ürünlü Paella 136
58. Domuz Eti ve Chorizo Paella 138
59. Kuzu ve Sebzeli Paella 140
60. Hindi ve Deniz Ürünlü Paella 142
61. Domuz Eti ve Deniz Ürünlü Paella 144
62. Dana ve Mantarlı Paella 146
63. Dana Eti ve Bezelyeli Paella 148
64. Sığır Eti ve brokoli paella 150

VEJETERYEN PAELLA 152
65. Izgara Vejetaryen Paella 153
66. Füme Tofu Paella 156
67. Mantarlı ve Sebzeli Paella 158
68. Mısırlı ve Biberli Paella 160
69. Brokoli, Kabak ve Kuşkonmaz Paella 162
70. Enginar ve Barbunya Paella 164
71. Mantarlı ve Enginarlı Paella 166
72. Ispanaklı ve Nohutlu Paella 168
73. Kuşkonmaz ve Domatesli Paella 170
74. Patlıcanlı ve Zeytinli Paella 172
75. Brokoli ve Güneşte Kurutulmuş Domatesli Paella 174
76. Pırasa ve Mantarlı Paella 176
77. Balkabağı ve Narlı Paella 178
78. Tatlı Patates ve Siyah Fasulyeli Paella 180

BÖLGESEL FARKLILIKLAR 182
79. New Orleans Paella 183
80. Batı Hint Adaları Paella 186

81. BATI AFRIKA JOLLOF PİRİNÇLİ PAELLA 188
82. PAELLA ALLA VALENCİANA 190
83. MEKSİKA USULÜ PAELLA 192
84. KIYI İSPANYOL PAELLA 194
85. PASİFİK PAELLA 196
86. KATALANCA DENİZ ÜRÜNLÜ PİLAV 198
87. PORTEKİZ USULÜ PAELLA 200
88. GÜNEYBATI PAELLA 203
89. ARAGON DAĞ PAELLA'SI 206
90. BASK DENİZ ÜRÜNLÜ PAELLA (MARMİTAKO) 208
91. ARROZ A BANDA - ALİCANTE'DEN 210
92. SEFARAD DENİZ ÜRÜNLÜ PAELLA (ARROZ DE PESAJ) 212

MEYVELİ PAELLA **214**
93. MANGO VE KAJULU PAELLA 215
94. ANANASLI VE HİNDİSTAN CEVİZLİ PAELLA 217
95. PORTAKALLI VE BADEMLİ PAELLA 219
96. ELMALI VE ÜZÜMLÜ PAELLA 221
97. İNCİRLİ CEVİZLİ PAELLA 223
98. ARMUT VE GORGONZOLA PAELLA 225
99. AHUDUDU VE BRIE PAELLA 227
100. KIVI VE MACADAMIA FINDIKLI PAELLA 229

ÇÖZÜM **231**

GİRİŞ

Her pirinç tanesinin bir hikaye anlattığı, her baharatın damakta dans eden lezzet senfonisine katkıda bulunduğu paellanın canlı dünyasına adım atın. "Pirinç, baharatlar ve lezzetli her şey - paella'nın incil'i" yalnızca bir yemek kitabı değil; sizi İspanya'nın sevilen yemeğinin zengin mirasını ve çeşitli lezzetlerini keşfetmeye davet eden bir mutfak yolculuğu. Kökleri İspanyol geleneğine dayanan Paella, bir yemekten çok daha fazlasıdır; insanları ortak bir masa etrafında toplayan, yaşamın, sevginin ve olağanüstü mutfağın saf zevkinin kutlanmasını teşvik eden bir deneyimdir.

Bu mutfak yolculuğuna çıktığımızda, safran kokusunun deniz meltemiyle karıştığı ve paella tavalarının ritmik cızırtısının hareketli pazarlarda ve aile toplantılarında yankılandığı İspanya'nın güneşle öpülmüş manzaralarını hayal edin. "Pirinç, Baharat ve Güzel Olan Her Şey"de paellanın kalbine iniyor, onun kültürel önemini ortaya çıkarıyor ve onu bir yemekten kültürel bir simgeye dönüştüren sırları açığa çıkarıyoruz.

Bu yemek kitabı, mutfak uzmanlığınız ne olursa olsun, paella ustası olmanız için pasaportunuz görevi görüyor. İster deneyimli bir şef bıçağı kullanıyor olun ister mutfağa ilk adımlarınızı atıyor olun, her paellayı bir mutfak şaheseri haline getiren tarihi, bölgesel farklılıkları, temel malzemeleri ve pişirme tekniklerini keşfederken bize katılın. Burada sadece yemek pişirme becerilerinizi geliştirmekle kalmayacak, aynı zamanda kendinizi otantik İspanyol mutfağının canlı renklerine ve baştan çıkarıcı aromalarına kaptıracaksınız.

Öyleyse "Pirinç, Baharat ve Güzel Olan Her Şey" dünyasına yolculuk başlasın. Nesiller boyunca aktarılan geleneksel tariflerden lezzetin sınırlarını zorlayan modern dokunuşlara kadar bu paella İncili kapsamlı rehberinizdir. İster bir Valensiya klasiğinin zamansız cazibesine kapılın, ister yenilikçi varyasyonların cazibesine kapılın, bu sayfalar, mutfağınızı bir İspanyol lezzet cennetine dönüştürmeniz için sizi çağıran, mutfak ilhamının hazinesidir.

Mutfak maceranız mükemmel pişmiş paella kadar lezzetli ve tatmin edici olsun. Paella ustalığının büyüleyici dünyasında sizi bekleyen yemek pişirme keyfi, keşfetme keyfi ve zengin lezzetler sizlerle.

BALIK VE DENİZ ÜRÜNLERİ PAELLA

1. Karidesli Kuskus Paella

İÇİNDEKİLER:

- ½ pound kemikli, derisi soyulmuş tavuk göğsü, ½ inçlik parçalar halinde kesilmiş
- ¼ bardak su
- 1 (1½ ons) kutu tavuk suyu
- ¾ pound orta boy taze karides, soyulmuş ve ayrılmış
- ½ su bardağı dondurulmuş yeşil bezelye
- ⅓ bardak doğranmış kırmızı dolmalık biber
- ⅓ bardak ince dilimlenmiş yeşil soğan
- 2 diş sarımsak, kıyılmış
- ½ çay kaşığı tuz
- ¼ çay kaşığı biber
- Bir tutam öğütülmüş safran
- 1 bardak pişmemiş kuskus

TALİMATLAR:

a) Tavuk, su ve tavuk suyunu 2 litrelik bir güveç kabında birleştirin. Bir kapakla örtün.
b) Mikrodalgada 4-5 dakika kadar yüksek ayarda pişirin.
c) Karidesleri ve sonraki 7 malzemeyi (bezelye, kırmızı dolmalık biber, yeşil soğan, sarımsak, tuz, karabiber ve safran) karıştırın. Kapağını kapatıp 3½ ila 4½ dakika daha veya karides pembeleşip pişene kadar mikrodalgada tutun.
ç) Kuskusu karıştırın, üzerini örtün ve 5 dakika bekletin.

2. Levrek Paella

İÇİNDEKİLER:
- 5 ons yabani pirinç
- 2 ons bezelye
- 1 kırmızı dolmalık biber, çekirdeği çıkarılmış ve doğranmış
- 14 ons kuru beyaz şarap
- 3½ ons tavuk suyu
- 1 kiloluk levrek filetosu, küp şeklinde
- 6 deniz tarağı
- 8 karides, soyulmuş ve ayıklanmış
- Tatmak için tuz ve karabiber
- Bir tutam zeytinyağı

TALİMATLAR:
a) Hava fritözünüze uygun, ısıya dayanıklı bir tabağa tüm malzemeleri yerleştirin ve atın.
b) Çanağı fritözünüze yerleştirin ve 380 derece F'de pişirin ve yarıya kadar karıştırarak 25 dakika pişirin.
c) Tabaklara paylaştırıp servis yapın.

3. Deniz Mahsüllü Kaşarlı Paella

İÇİNDEKİLER:
- Kabuklarında 12 adet küçük istiridye
- 2 pound Karides, soyulmuş ve ayrılmış
- 4 yemek kaşığı Zeytinyağı
- 1 yemek kaşığı Tereyağı
- 1 su bardağı Uzun taneli pirinç
- 1 çay kaşığı Tuz
- 1 Defne yaprağı
- 1 Tavuk suyu küpü
- 20 diş sarımsak, ince doğranmış
- 2 orta boy soğan, ince doğranmış
- 2 adet yeşil biber, ince doğranmış
- 2 büyük domates, soyulmuş ve doğranmış
- ½ bardak Pimiento dolgulu zeytin, dilimlenmiş
- 2 çay kaşığı Pul biber
- ⅛ çay kaşığı kırmızı biber
- 1 ½ su bardağı kaşar peyniri, rendelenmiş

TALİMATLAR:

a) İstiridyeleri ve karidesleri iyice yıkayarak başlayın. İstiridyeleri 6 bardak su ile bir tencereye koyun ve kaynatın. Karidesleri ekleyin ve yüksek ateşte üstü kapalı olarak 5 dakika pişirin. Ateşten alın, 2 ¼ bardak elde etmek için kabuklu deniz ürünleri sıvısını dökün ve istiridyeleri ve karidesleri sıcak tutmak için kalan et suyunda bir kenara koyun.

b) 2 yemek kaşığı zeytinyağını ve tereyağını 3 litrelik bir tencerede ısıtın. Pirinci ekleyin ve iyice kaplayacak şekilde karıştırın. Ayrılmış 2 ¼ bardak sıvıyı, tuzu, defne yaprağını ve tavuk bulyon küpünü ekleyin. Kaynatın, ısıyı azaltın ve kapağın altında, karıştırmadan 25 dakika pişirin.

c) Fırını önceden 375°F'ye (190°C) ısıtın. Bu arada Hollanda fırınındaki 2 yemek kaşığı sıcak zeytinyağında ince doğranmış sarımsakları, soğanları ve yeşil biberleri yeşil biber yumuşayana kadar soteleyin, bu yaklaşık 10 dakika sürecektir. Domatesleri doğrayın ve zeytin, kırmızı biber ve kırmızı biberle birlikte sotelenmiş sebzelere ekleyin. Sıcak tutarak 5 dakika daha pişirin.

ç) Kabuklu deniz hayvanlarını süzün ve pişmiş pirinçle birlikte domates karışımına ekleyin. Malzemeleri karıştırmak için yavaşça karıştırın. Karışımı bir paella tavasına veya 4 litrelik sığ bir güveç kabına aktarın. Üzerine rendelenmiş kaşar peynirini serpin.

d) Önceden ısıtılmış fırında 10-15 dakika veya peynir eriyip kabarcıklanıncaya kadar pişirin.

4. Alaska Deniz Mahsüllü Paella

İÇİNDEKİLER:

- 213 gram konserve kırmızı Alaska somonu
- 2 yemek kaşığı Zeytinyağı
- 1 diş sarımsak, ezilmiş
- 1 küçük Soğan, ince doğranmış
- 1 Pırasa, temizlenmiş ve dilimlenmiş
- 100 gram Uzun taneli pirinç
- 100 gram kabuklu karides
- 100 gram salamura, süzülmüş veya kabuklu taze midye
- 375 ml Sebze veya tavuk suyu
- ½ Limon, suyu sıkılmış
- ½ çay kaşığı Öğütülmüş safran veya öğütülmüş zerdeçal
- 2 adet soyulmuş, çekirdekleri çıkarılmış ve doğranmış domates
- 10 Bütün pişmiş karides
- Garnitür için limon dilimleri

TALİMATLAR:

a) Konserve somonu süzerek, suyunu ayırıp bir kenara koyarak başlayın.

b) Geniş bir tavada zeytinyağını ısıtın, ardından ezilmiş sarımsağı, doğranmış soğanı ve dilimlenmiş pırasayı yumuşayana kadar yaklaşık 5 dakika soteleyin.

c) Uzun taneli pirinci, kabuklu karidesleri, midyeleri (salamurada konserve veya taze kabuklu), ayrılmış somon suyunu, sebze veya tavuk suyunu, limon suyunu ve safranı (veya bunun yerine kullanıyorsanız zerdeçal) karıştırın. . Her şeyi iyice karıştırın, karışımı kaynatın, ardından ısıyı en aza indirin. 15-20 dakika veya sıvının büyük kısmı pirinç tarafından emilene kadar pişmesine izin verin.

ç) Pirinç hazır olduğunda, doğranmış domatesleri ve büyük parçalara ayrılmış konserve somonu yavaşça ekleyin.

d) Leziz yemeği servis tabağına aktarın ve pişmiş karidesler ve limon dilimleri ile süsleyin. Alaska deniz mahsullü pilav yemeğinizi hemen servis edin. Eğlence!

5. Karidesli ve Chorizo Paella

İÇİNDEKİLER:

- 6 ons kuru kürlenmiş İspanyol chorizo, doğranmış
- 1½ su bardağı doğranmış sarı soğan
- 1 su bardağı doğranmış kırmızı dolmalık biber
- 1½ su bardağı pişmemiş orta taneli kahverengi pirinç
- 3 diş sarımsak, kıyılmış
- ½ bardak sek beyaz şarap
- 2 su bardağı tuzsuz tavuk suyu
- 14½ onsluk tuzsuz, ateşte kavrulmuş doğranmış domates konservesi
- 1¼ çay kaşığı koşer tuzu
- ½ çay kaşığı öğütülmüş zerdeçal
- 1½ pound çiğ karides, soyulmuş ve ayrılmış
- 1½ su bardağı dondurulmuş tatlı bezelye, çözülmüş
- 2 yemek kaşığı doğranmış taze düz yapraklı maydanoz
- 1 limon, 6 dilime bölünmüş

TALİMATLAR:

a) Yapışmaz bir tavayı orta ateşte ısıtın; Chorizo'yu ekleyin ve sosis kızarana kadar ara sıra karıştırarak yaklaşık 5 dakika pişirin. Damlamaları tavada bırakarak, oluklu bir kaşıkla chorizo'yu tavadan çıkarın; Chorizo'yu kağıt havluların üzerine boşaltın.

b) Tavada ayrılmış damlamalara soğanı ve dolmalık biberi ekleyin; ara sıra karıştırarak hafifçe yumuşayana kadar yaklaşık 5 dakika pişirin.

c) Pirinci ve sarımsağı ekleyin; pirinç hafifçe kızarıncaya kadar, yaklaşık 1 dakika kadar sık sık karıştırarak pişirin. Şarabı ekleyin ve ocaktan alın. 6 litrelik bir Crockpot'a dökün; et suyunu, domatesleri, tuzu, zerdeçal ve chorizo'yu karıştırın. Kapağı kapatın ve pirinç yumuşayana ve sıvı neredeyse emilene kadar YÜKSEK sıcaklıkta yaklaşık 3 saat pişirin.

ç) Karides ve bezelyeyi karıştırın; örtün ve karides pembeleşene kadar 10 ila 15 dakika YÜKSEK pişirin. Karışımı 6 tabağa bölün; Maydanozu eşit şekilde serpin ve limon dilimleri ile servis yapın.

6. Karidesli ve Pirinçli Paella

İÇİNDEKİLER:

- 32 ons dondurulmuş vahşi yakalanmış karides
- 16 ons yasemin pirinci
- 4 ons tereyağı
- 4 ons doğranmış taze maydanoz
- 2 çay kaşığı deniz tuzu
- ½ çay kaşığı karabiber
- 2 tutam ezilmiş kırmızı biber
- 2 orta boy limon, suyu sıkılmış
- 2 tutam safran
- 24 ons tavuk suyu
- 8 diş sarımsak, kıyılmış

TALİMATLAR:

a) Tüm malzemeleri Instant Pot'a ekleyin.
b) Karidesleri üstüne yerleştirin.
c) Kapağı kapatın ve sabitleyin. Basınç tahliye kolunu sızdırmazlık konumuna çevirin.
ç) Yüksek basınçta "Manuel" fonksiyonunda 10 dakika pişirin.
d) Bip sesinden sonra 7 dakika boyunca Doğal salınım yapın.
e) Gerekirse karideslerin kabuklarını çıkarın ve karidesleri tekrar pirince ekleyin.
f) Karıştırıp sıcak servis yapın.

7. Maymunbalığı ve Midye Paella

İÇİNDEKİLER:
- 1 kilo taze midye
- 150 ml sek beyaz şarap veya su
- Bir tutam safran teli
- 900 ml sıcak balık suyu
- 6 yemek kaşığı zeytinyağı
- 1 kilogram maymunbalığı filetosu, parçalar halinde kesilmiş
- 1 soğan, doğranmış
- 2 diş sarımsak, ezilmiş
- 1 kutu (185g) kırmızı yenibahar, şeritler halinde kesilmiş
- 2 büyük olgun domates, kabaca doğranmış
- 350 gram Valencia veya risotto pirinci
- Tuz ve biber
- 100 gram pişmiş bezelye
- Garnitür için limon dilimleri ve doğranmış taze maydanoz

TALİMATLAR:

a) Midyeleri fırçalayın ve soğuk suyla durulayın, kırık veya açık kabuklu olanları atın. Bunları büyük bir tencereye beyaz şarap veya su ile koyun ve yüksek ateşte 3-4 dakika, tavayı ara sıra sallayarak midyeler açılıncaya kadar pişirin. Pişirme sıvısını toplamak için bunları bir kasenin üzerindeki bir kevgir içinde boşaltın. Kapalı kalan midyeleri atın.
b) Safranı küçük bir kaseye koyun ve üzerine 2-3 yemek kaşığı sıcak balık suyunu dökün. 20 dakika demlenmeye bırakın.
c) Zeytinyağını büyük bir tavada ısıtın ve maymunbalığını 5 dakika kızartın. Maymunbalığını delikli bir kaşıkla çıkarın ve bir kenara koyun.
ç) Doğranmış soğanı, ezilmiş sarımsağı ve yenibahar şeritlerini tavaya ekleyin ve yüksek ateşte 10 dakika kızartın. Kabaca doğranmış domatesleri ekleyin ve 5 dakika daha veya karışım koyulaşana kadar kızartın.
d) Pirinci soğan karışımıyla kaplanana kadar karıştırın. Maymunbalığını tavaya geri koyun, ardından balık suyunu, süzülmüş midye pişirme sıvısını, safranı ve baharatı dökün. Birkaç dakika hızlı bir şekilde pişirin, ardından ateşi kısın ve pirinç ve balıklar yumuşayana kadar karıştırmadan 15-20 dakika pişirin.
e) Midyelerin çoğunu kabuklarından çıkarın, birkaç tanesini kabukların içinde bırakın.
f) Kabuklu midyeleri ve pişmiş bezelyeyi pilavın üzerine ekleyin. Gerekirse karıştırın ve daha fazla stok ekleyin.
g) Isıyı kapatın, bir çay havluyla örtün ve 3-4 dakika bekletin.
ğ) Paellayı, kabuklu midye, limon dilimleri ve doğranmış taze maydanozla süsleyerek hemen servis edin.

8. Istakozlu paella

İÇİNDEKİLER:
- ¼ bardak iyi zeytinyağı
- 1 ½ su bardağı doğranmış sarı soğan (2 soğan)
- 2 adet kırmızı dolmalık biber, çekirdekleri çıkarılmış ve ½ inç şeritler halinde dilimlenmiş
- 2 yemek kaşığı kıyılmış sarımsak (4 ila 6 diş)
- 2 su bardağı beyaz basmati pirinci
- 5 su bardağı iyi tavuk suyu, tercihen ev yapımı
- ½ çay kaşığı safran ipi, ezilmiş
- ¼ çay kaşığı ezilmiş kırmızı biber gevreği
- 1 yemek kaşığı koşer tuzu
- 1 çay kaşığı taze çekilmiş karabiber
- ⅓ bardak meyankökü aromalı likör (önerilen: Pernod)
- 1 ½ pound pişmiş ıstakoz eti
- 1 pound kielbasa, ¼ ila ½ inç kalınlığında dilimlenmiş
- 1 (10 ons) paket dondurulmuş bezelye
- 1 yemek kaşığı kıyılmış taze düz yapraklı maydanoz yaprağı
- 2 limon, dilimler halinde kesilmiş

TALİMATLAR:

a) Fırını önceden 425 derece F'ye (220 derece C) ısıtın.
b) Fırına dayanıklı büyük bir Hollanda fırınında, zeytinyağını orta-düşük ateşte ısıtın. Doğranmış soğanları ekleyin ve ara sıra karıştırarak yaklaşık 5 dakika pişirin.
c) Kırmızı biberleri ekleyip orta ateşte 5 dakika daha pişirin.
ç) Ateşi kısın, kıyılmış sarımsağı ekleyin ve 1 dakika daha pişirin.
d) Beyaz basmati pirinci, tavuk suyu, ezilmiş safran iplikleri, ezilmiş kırmızı biber gevreği, koşer tuzu ve taze çekilmiş karabiberi karıştırın. Karışımı kaynatın.
e) Tencerenin kapağını kapatın ve önceden ısıtılmış fırına koyun. 15 dakika sonra, pirinci bir tahta kaşıkla yavaşça karıştırın ve tekrar 10 ila 15 dakika daha veya pirinç tamamen pişip sıvıyı emene kadar üstü açık pişirmek üzere fırına geri koyun.
f) Paellayı tekrar ocağa aktarın ve meyan kökü aromalı likörü ekleyin. Paellayı orta ateşte 1 dakika kadar pişirin, likörün pirinç tarafından emilmesini sağlayın.
g) Isıyı kapatın ve pişmiş ıstakoz etini, kielbasa'yı ve dondurulmuş bezelyeyi ekleyin. Birleştirmek için yavaşça karıştırın.
ğ) Paellayı örtün ve 10 dakika buharda bekletin.
h) Kıyılmış taze düz yapraklı maydanoz serpin ve limon dilimleriyle süsleyin.

9. Karışık Deniz Ürünleri ve Tavuklu Paella

İÇİNDEKİLER:
- 2 su bardağı paella pirinci
- 1/2 kiloluk tavuk budu, kemiksiz ve derisiz, doğranmış
- 1/2 pound karışık deniz ürünleri (istiridye, karides, kalamar)
- 1 soğan, ince doğranmış
- 3 diş sarımsak, kıyılmış
- 1 kırmızı dolmalık biber, dilimlenmiş
- 1 domates, doğranmış
- 4 su bardağı tavuk suyu
- 1 çay kaşığı füme kırmızı biber
- 1/2 çay kaşığı safran iplikleri
- Tatmak için biber ve tuz
- 1/4 su bardağı zeytinyağı

TALİMATLAR:
a) Paella tavasında zeytinyağını orta ateşte ısıtın. Küp küp doğranmış tavukları ekleyip rengi dönene kadar pişirin.
b) Doğranmış soğan ve sarımsağı ekleyin; yumuşayana kadar soteleyin.
c) Paella pirincini karıştırın, yağa bulayın ve tavukla karıştırın.
ç) Füme kırmızı biber, safran iplikleri ve doğranmış domatesleri ekleyin. Tavuk suyuna dökün.
d) Karışık deniz ürünlerini pirincin üzerine yerleştirin ve pirinç neredeyse hazır olana kadar pişirin.
e) Tuz ve karabiberle tatlandırın. Tencerenin kapağını kapatıp pirinçler tamamen pişene kadar pişmeye bırakın.
f) Sıcak servis yapın.

10. Deniz Ürünlü Kalamar Mürekkepli Paella

İÇİNDEKİLER:

- 2 su bardağı kısa taneli pirinç
- 1/2 kiloluk kalamar, temizlenmiş ve dilimlenmiş
- 1/2 kiloluk büyük karides, soyulmuş ve ayrılmış
- 1 soğan, ince doğranmış
- 3 diş sarımsak, kıyılmış
- 1 kırmızı dolmalık biber, dilimlenmiş
- 2 adet rendelenmiş domates
- 4 bardak balık veya deniz ürünleri suyu
- 2 çay kaşığı kalamar mürekkebi
- 1/2 bardak kuru beyaz şarap
- Tatmak için biber ve tuz
- 1/4 su bardağı zeytinyağı

TALİMATLAR:

a) Paella tavasında zeytinyağını orta ateşte ısıtın. Doğranmış soğan ve sarımsağı ekleyin; yarı saydam olana kadar soteleyin.

b) Dilimlenmiş kalamar ve karidesleri ekleyin; deniz ürünleri hafifçe kızarana kadar pişirin.

c) Kısa taneli pirinci karıştırın, yağa bulayın ve deniz ürünleriyle karıştırın.

ç) Rendelenmiş domatesi, dilimlenmiş kırmızı biberi ve kalamar mürekkebini ekleyin. Balık veya deniz ürünleri suyunu ve beyaz şarabı dökün.

d) Tuz ve karabiberle tatlandırın. Pirinç neredeyse hazır olana kadar pişirin.

e) Tencerenin kapağını kapatıp pirinçler tamamen pişene kadar pişmeye bırakın.

f) Sıcak servis yapın.

11. Istakoz ve Tarak Paella

İÇİNDEKİLER:

- 2 su bardağı Valensiya pirinci
- 1 ıstakoz, pişmiş ve parçalara ayrılmış
- 1/2 kiloluk deniz tarağı
- 1 soğan, ince doğranmış
- 3 diş sarımsak, kıyılmış
- 1 sarı dolmalık biber, dilimlenmiş
- 1 su bardağı kiraz domates, ikiye bölünmüş
- 4 bardak balık veya deniz ürünleri suyu
- 1 çay kaşığı tatlı kırmızı biber
- Bir tutam safran ipliği
- Tatmak için biber ve tuz
- 1/4 su bardağı zeytinyağı

TALİMATLAR:

a) Paella tavasında zeytinyağını orta ateşte ısıtın. Doğranmış soğan ve sarımsağı ekleyin; yumuşayana kadar soteleyin.
b) Pirincin yağla kaplanması için karıştırarak Valencia pirincini ekleyin.
c) Tatlı kırmızı biber ve safran ipliklerini karıştırın. Sarı dolmalık biber ve kiraz domatesleri ekleyin.
ç) Balık veya deniz ürünleri suyuna dökün. Tuz ve karabiberle tatlandırın.
d) Istakoz parçalarını ve deniz taraklarını pirincin üzerine dizin. Pirinç neredeyse hazır olana kadar pişirin.
e) Tencerenin kapağını kapatıp pirinçler tamamen pişene kadar pişmeye bırakın.
f) Sıcak servis yapın.

12. Karışık Deniz Ürünleri ve Chorizo Paella

İÇİNDEKİLER:
- 2 su bardağı Calasparra pirinci
- 1/2 pound karışık deniz ürünleri (istiridye, midye, karides)
- 1/2 kiloluk chorizo sosisi, dilimlenmiş
- 1 soğan, ince doğranmış
- 3 diş sarımsak, kıyılmış
- 1 yeşil dolmalık biber, dilimlenmiş
- 1 su bardağı ezilmiş domates
- 4 su bardağı tavuk veya balık suyu
- 1 çay kaşığı füme kırmızı biber
- Tatmak için biber ve tuz
- 1/4 su bardağı zeytinyağı

TALİMATLAR:
a) Paella tavasında zeytinyağını orta ateşte ısıtın. Doğranmış soğan ve sarımsağı ekleyin; yarı saydam olana kadar soteleyin.
b) Dilimlenmiş chorizo'yu ekleyin ve kızarana kadar pişirin.
c) Calasparra pirincini karıştırın, yağa bulayın ve chorizo ile karıştırın.
ç) Ezilmiş domatesleri ve dilimlenmiş yeşil biberi ekleyin. Tavuk veya balık suyuna dökün.
d) Füme kırmızı biber, tuz ve karabiber ile tatlandırın.
e) Karışık deniz ürünlerini pirincin üzerine yerleştirin ve pirinç neredeyse hazır olana kadar pişirin.
f) Tencerenin kapağını kapatıp pirinçler tamamen pişene kadar pişmeye bırakın.
g) Sıcak servis yapın.

13. İstiridye ve Sosisli Paella

İÇİNDEKİLER:
- 2 su bardağı orta taneli pirinç
- 1 kiloluk littleneck istiridye, temizlenmiş
- 1/2 kiloluk İspanyol chorizo, dilimlenmiş
- 1 soğan, ince doğranmış
- 3 diş sarımsak, kıyılmış
- 1 sarı dolmalık biber, doğranmış
- 1 bardak kuru beyaz şarap
- 4 su bardağı tavuk veya balık suyu
- 1 çay kaşığı kırmızı biber
- Bir tutam safran ipliği
- Tatmak için biber ve tuz
- 1/4 su bardağı zeytinyağı

TALİMATLAR:
a) Paella tavasında zeytinyağını orta ateşte ısıtın. Doğranmış soğan ve sarımsağı ekleyin; yumuşayana kadar soteleyin.
b) Dilimlenmiş chorizo'yu ekleyin ve kızarana kadar pişirin.
c) Orta taneli pirinci karıştırın, yağa bulayın ve chorizo ile karıştırın.
ç) Küp şeklinde doğranmış sarı biberi ekleyin. Kuru beyaz şarabı ve tavuk veya balık suyunu dökün.
d) Kırmızı biber, safran iplikleri, tuz ve karabiberle tatlandırın.
e) Temizlenmiş küçük boyunlu istiridyeleri pirincin üzerine yerleştirin ve pirinç neredeyse pişene kadar pişirin.
f) Tencerenin kapağını kapatıp pirinçler tamamen pişene kadar pişmeye bırakın.
g) Sıcak servis yapın.

14. Somon ve Kuşkonmaz Paella

İÇİNDEKİLER:

- 2 su bardağı kısa taneli pirinç
- 1 kiloluk somon filetosu, parçalar halinde kesilmiş
- 1/2 pound kuşkonmaz, kesilmiş ve parçalar halinde kesilmiş
- 1 soğan, ince doğranmış
- 3 diş sarımsak, kıyılmış
- 1 kırmızı dolmalık biber, dilimlenmiş
- 1 su bardağı kiraz domates, ikiye bölünmüş
- 4 su bardağı balık veya sebze suyu
- 1 çay kaşığı füme kırmızı biber
- Bir tutam safran ipliği
- Tatmak için biber ve tuz
- 1/4 su bardağı zeytinyağı

TALİMATLAR:

a) Paella tavasında zeytinyağını orta ateşte ısıtın. Doğranmış soğan ve sarımsağı ekleyin; yumuşayana kadar soteleyin.
b) Pirinci yağla kaplamak için karıştırarak kısa taneli pirinci ekleyin.
c) Füme kırmızı biber ve safran ipliklerini karıştırın. Kırmızı dolmalık biber ve kiraz domatesleri ekleyin.
ç) Balık veya sebze suyuna dökün. Tuz ve karabiberle tatlandırın.
d) Pilavın üzerine somon parçalarını ve kuşkonmazı dizin. Pirinç neredeyse hazır olana kadar pişirin.
e) Tencerenin kapağını kapatıp pirinçler tamamen pişene kadar pişmeye bırakın.
f) Sıcak servis yapın.

KANATLI PAELLA

15. Tavuk, Karides ve Chorizo Paella

İÇİNDEKİLER:
- ½ çay kaşığı safran ipi, ezilmiş
- 2 yemek kaşığı zeytinyağı
- 1 kiloluk derisiz, kemiksiz tavuk butları, 2 inçlik parçalar halinde kesilmiş
- 4 ons pişmiş, füme İspanyol usulü chorizo sosisi, dilimlenmiş
- 1 orta boy soğan, doğranmış
- 4 diş sarımsak, kıyılmış
- 1 su bardağı iri rendelenmiş domates
- 1 yemek kaşığı füme tatlı kırmızı biber
- 6 su bardağı sodyumu azaltılmış tavuk suyu
- Bomba, Calasparra veya Valencia gibi 2 bardak kısa taneli İspanyol pirinci
- 12 büyük karides, soyulmuş ve ayıklanmış
- 8 ons dondurulmuş bezelye, çözülmüş
- Kıyılmış yeşil zeytin (isteğe bağlı)
- Kıyılmış İtalyan maydanozu

TALİMATLAR:

a) Küçük bir kapta safranı ve ¼ bardak sıcak suyu birleştirin; 10 dakika bekletin.
b) Bu arada, 15 inçlik paella tavasında yağı orta-yüksek ateşte ısıtın. Tavaya tavuk ekleyin. Tavuklar kızarana kadar ara sıra çevirerek yaklaşık 5 dakika pişirin.
c) Chorizo'yu ekleyin. 1 dakika daha pişirin. Hepsini bir tabağa aktarın.
ç) Tavaya soğanı ve sarımsağı ekleyin. 2 dakika pişirin ve karıştırın. Domates ve kırmızı biberi ekleyin. 5 dakika daha veya domatesler koyulaşıncaya ve neredeyse macun kıvamına gelinceye kadar pişirin ve karıştırın.
d) Tavuğu ve chorizo'yu tavaya geri koyun. Tavuk suyu, safran karışımı ve ½ çay kaşığı tuz ekleyin; yüksek ateşte kaynamaya getirin.
e) Eşit şekilde dağıtmak için bir kez karıştırarak tavaya pirinci ekleyin. Pirinç sıvının çoğunu emene kadar yaklaşık 12 dakika kadar karıştırmadan pişirin. (Tavanız ocaktan büyükse, pirincin eşit şekilde pişmesini sağlamak için birkaç dakikada bir çevirin.)
f) Isıyı düşük seviyeye düşürün. Tüm sıvı emilene ve pirinç al dente olana kadar 5 ila 10 dakika daha karıştırmadan pişirin. Üstüne karides ve bezelye ekleyin.
g) Isıyı yükseğe çevirin. 1-2 dakika daha karıştırmadan pişirin (kenarlar kuru görünmeli ve altta bir kabuk oluşmalıdır). Kaldırmak. Tavayı folyo ile örtün.
ğ) Servis yapmadan önce 10 dakika dinlendirin. İstenirse üzerine zeytin ve maydanoz ekleyin.

16. Düdüklü tencerede deniz mahsullü tavuklu paella

İÇİNDEKİLER:
- 1½ pound tavuk parçaları, derisi soyulmuş, 2 inçlik parçalar halinde kesilmiş
- ½ çay kaşığı tuz (bölünmüş)
- ¼ çay kaşığı beyaz biber
- 1 yemek kaşığı zeytinyağı
- ½ bardak doğranmış soğan
- 2 diş sarımsak, kıyılmış
- 1 orta boy yeşil dolmalık biber, 1 inç kareler halinde kesilmiş
- 1 su bardağı ezilmiş konserve domates
- 4 ons uzun taneli pirinç, pişmemiş
- ¾ bardak su
- 1 paket hazır tavuk suyu ve baharat karışımı
- ¼ çay kaşığı mercanköşk
- ⅛ çay kaşığı bütün safran (isteğe bağlı)
- 5 ons kabuklu ve ayrılmış karides
- Kabuklu 12 küçük istiridye, temizlenmiş veya 4 ons kıyılmış istiridye (konserve), süzülmüş

TALİMATLAR:
a) Tavuk parçalarına ¼ çay kaşığı tuz ve beyaz biber serpin. Bir kenara koyun.
b) 4 litrelik düdüklü tencerede zeytinyağını ısıtın. Küp doğranmış soğanları ve kıyılmış sarımsağı ekleyip 2 dakika soteleyin.
c) Tavuğu ekleyin ve 3 dakika daha sotelemeye devam edin.
ç) Yeşil biberi, ezilmiş domatesi ve pirinci ekleyip karıştırın.
d) Suyu, hazır tavuk suyu karışımını, mercanköşk ve safranı (istenirse) ekleyin. Ayrıca kalan ¼ çay kaşığı tuzu da ekleyin. Birleştirmek için karıştırın.
e) Düdüklü tencerenin kapağını iyice kapatın. Basınç regülatörünü havalandırma borusunun üzerine sıkıca yerleştirin ve regülatör yavaşça sallanmaya başlayıncaya kadar ısıtın.
f) 15 poundluk basınçta 5 dakika pişirin.
g) Basıncı düşürmek için düdüklü tencereyi akan soğuk suyun altına tutun.
ğ) Kapağı çıkarın ve karidesleri ve istiridyeleri pirinç karışımına karıştırın.
h) Ocağı tekrar kapatın ve 15 pound basınçta 3 dakika daha pişirin.
ı) Akan soğuk suyun altında basıncı düşürün.
i) Servis yapmadan önce bir çatal kullanarak pirinci kabartın.

17. Tavuk Kuşkonmaz Paella

İÇİNDEKİLER:

- ¾ pound Kuşkonmaz
- 1 kiloluk tavuk eti, küp şeklinde
- ⅛ çay kaşığı Biber
- 2 Yemek Kaşığı Zeytinyağı
- Büyük soğan
- Beyaz şarap (Kuru)
- 1 ½ su bardağı pirinç (uzun taneli)
- ½ fincan Pimiento veya kızartılmış kırmızı çan
- 1 bardak Su
- ¾ bardak tatlı bezelye
- Yarım kilo brokoli
- ⅛ çay kaşığı Tuz
- 3 Yemek Kaşığı Un
- ½ pound Kabak, ½ inç doğranmış
- 1 diş sarımsak, preslenmiş
- 1 pound Domates, doğranmış, tohum, kabuk
- 1 tutam Cayenne
- 1 bardak tavuk suyu (14 ½ ons)
- ½ çay kaşığı safran

TALİMATLAR:

a) Kuşkonmazın sert uçlarını koparıp atın. Uçları 2 inç uzunluğa kesin ve bir kenara koyun. Sapları yarım santim kalınlığında dilimler halinde kesin. Brokoli çiçeklerini kesin ve kuşkonmaz uçlarıyla birlikte bir kenara koyun. Sapları uzunlamasına dörde bölün ve kuşkonmaz dilimleriyle aynı büyüklükte parçalar halinde kesin.

b) Dilimlenmiş kuşkonmaz ve brokolileri kaynar su dolu bir tavada 3 dakika veya zar zor yumuşayana kadar pişirin. Drenaj yapın ve bir kenara koyun.

c) Tavukları tuz ve karabiber serpin. Unu yuvarlayın ve fazlalığı gölgeleyin. 1 yemek kaşığı yağı geniş yapışmaz bir tavada orta-yüksek ateşte ısıtın.

ç) Tavuğu ekleyin ve her iki tarafını da 3 dakika veya hafifçe kızarana kadar pişirin. Tavuğu tavadan çıkarın ve bir kenara koyun.

d) Kalan yemek kaşığı yağı tavaya ekleyin. Kabağı ekleyin ve orta-yüksek ateşte 4 veya 5 dakika veya hafifçe kızarana kadar pişirin. Oluklu bir kaşıkla tavadan çıkarın ve bir kenara koyun.

e) Tavaya damlayan soğan ve sarımsağı ekleyin. Bir kez karıştırıp şarabı ekleyin. Daha sonra kapağını kapatıp kısık ateşte 10 dakika veya soğan yumuşayana ve sıvısı emilene kadar pişirin. Domatesleri karıştırın ve kapağı açık olarak 4 dakika pişirin. Pirinç ve kırmızı biberi karıştırın.

f) Pirinç karışımını geniş, sığ, 4 litrelik bir güvece aktarın. Beyazlatılmış kuşkonmaz ve brokoli, tavuk, kabak ve kavrulmuş dolmalık biberi ekleyin. Bu noktada üzerini kapatıp 8 saate kadar buzdolabında saklayabilirsiniz.

g) Bir tavaya tavuk suyu ve suyu koyup kaynatın. Safranı karıştırın. Pirinç karışımının üzerine dökün. Güveci folyo ile sıkıca kapatın. Önceden ısıtılmış 350 F fırında 40 dakika pişirin. Bezelyeyi ekleyin ve iki çatalla yavaşça pirincin içine karıştırın. Kapağı kapatın ve 10 veya 15 dakika daha veya pirinç yumuşayana ve tüm sıvı emilene kadar pişirin.

ğ) Pirinç pişince, kuşkonmaz uçlarını ve brokoli çiçeklerini kaynar su dolu bir tencerede 4 dakika veya zar zor yumuşayana kadar pişirin. Süzüp pilavın üzerine garnitür olarak dizin.

18. Tavuk ve Mısır Paella

İÇİNDEKİLER:
- 2 su bardağı Bomba pirinci
- 1 kiloluk tavuk göğsü, kemiksiz ve derisiz, parçalar halinde kesilmiş
- 1 soğan, ince doğranmış
- 3 diş sarımsak, kıyılmış
- 1 su bardağı mısır taneleri
- 1 sarı dolmalık biber, dilimlenmiş
- 4 su bardağı tavuk suyu
- 1 çay kaşığı kırmızı biber
- Bir tutam safran ipliği
- Tatmak için biber ve tuz
- 1/4 su bardağı zeytinyağı

TALİMATLAR:
a) Paella tavasında zeytinyağını orta ateşte ısıtın. Doğranmış soğan ve sarımsağı ekleyin; yumuşayana kadar soteleyin.
b) Tavuk parçalarını ekleyip rengi dönene kadar pişirin.
c) Bomba pirincini karıştırın, yağa bulayın ve tavukla karıştırın.
ç) Mısır tanelerini ve dilimlenmiş sarı dolmalık biberi ekleyin. Tavuk suyuna dökün.
d) Kırmızı biber, safran iplikleri, tuz ve karabiberle tatlandırın.
e) Pirinç neredeyse hazır olana kadar pişirin. Tencerenin kapağını kapatıp pirinçler tamamen pişene kadar pişmeye bırakın.
f) Sıcak servis yapın.

19. Izgara Tavuk, Sosis ve Karidesli Paella

İÇİNDEKİLER:
- 2 pound Tavuk kanadı veya uyluk
- 2 yemek kaşığı artı ¼ bardak bölünmüş sızma zeytinyağı
- Tatmak için tuz ve karabiber
- 1 kiloluk Garlicky sosisi kaldı
- 1 büyük soğan, doğranmış
- 2 adet büyük kırmızı biber, çekirdekleri çıkarılmış ve ince şeritler halinde kesilmiş
- 4 diş sarımsak, kıyılmış
- 1 kutu (14 ons) doğranmış domates, süzülmemiş
- 4 su bardağı pişmemiş pirinç
- Yarım kilo tavuk kanadı
- ½ pound Büyük karides, soyulmuş ve ayrılmış, kuyrukları sağlam
- 1 ½ su bardağı Dondurulmuş bezelye
- 1 kutu (14 ons) tavuk suyu
- 2 Limon, dilimler halinde kesilmiş
- 2 adet oval tek kullanımlık folyo tava (17x13x3")

TALİMATLAR:

a) Tavuğu 2 yemek kaşığı zeytinyağıyla fırçalayıp tuz ve karabiberle tatlandırın.
b) Tavuğu ve sosisi kapalı bir ızgarada orta ateşteki kömürlerin üzerinde 15 ila 20 dakika veya tavuk suyu berraklaşana ve sosis artık pembe olmayana kadar ızgarada pişirin. Her 5 dakikada bir çevirin. Izgara yaptıktan sonra sosisleri 2 inçlik parçalar halinde kesin.
c) Kalan ¼ fincan yağı büyük bir tavada orta-yüksek ateşte ısıtın. Kıyılmış soğanı, biberi ve kıyılmış sarımsağı ekleyin. Yaklaşık 5 dakika veya sebzeler yumuşayana kadar pişirin ve karıştırın.
ç) Süzülmemiş doğranmış domatesleri, 1 ½ çay kaşığı tuzu ve ½ çay kaşığı karabiberi ekleyin. Karışım koyulaşana kadar sık sık karıştırarak yaklaşık 8 dakika pişirin.
d) Soğan karışımını ve pirinci folyo tavalardan birinde eşit şekilde yayarak birleştirin. Izgara tavuğu, sosisi, deniz ürünlerini ve bezelyeyi pirincin üzerine yerleştirin.
e) 3 litrelik bir tencerede tavuk suyunu ve 6 bardak suyu kaynatın. Folyo tavasını pirinç ve diğer malzemelerle birlikte orta dereceli kömürlerin üzerindeki ızgaraya yerleştirin. Kaynayan et suyu karışımını hemen pirincin üzerine dökün.
f) Paellayı kapalı ızgarada yaklaşık 20 dakika, sıvı emilene kadar ızgara yapın. Karıştırmayın. Folyo ile örtün ve 10 dakika bekletin.
g) Limon dilimleriyle süsleyip servis yapın.

20. Tavuklu ve Siyah Fasulyeli Paella

İÇİNDEKİLER:
- 1 paket (7,25 ons) Roni Pirinç - Pirinç Pilavı
- ¾ pound Kemiksiz, derisiz yarım tavuk göğsü, ince dilimlenmiş
- 1 su bardağı doğranmış soğan
- 2 diş sarımsak, kıyılmış
- ¾ çay kaşığı Öğütülmüş zerdeçal
- ⅛ ila ¼ çay kaşığı Acı biber sosu
- 1 kutu (15 ons) Siyah fasulye, süzülmüş ve durulanmış
- 1 ½ su bardağı Dondurulmuş bezelye
- 1 orta boy domates, çekirdekleri çıkarılmış ve doğranmış

TALİMATLAR:
a) Geniş bir tavada pirinç-şehriye karışımını paketin üzerindeki tarife göre soteleyin. 2 bardak su, tavuk (veya domuz eti), doğranmış soğan, kıyılmış sarımsak, öğütülmüş zerdeçal, acı biber sosu ve baharat paketinin içindekileri karıştırın. Karışımı yüksek ateşte kaynatın.
b) Tavayı kapatın ve ısıyı en aza indirin. 8 dakika kaynatın.
c) Süzülmüş ve durulanmış siyah fasulyeleri ve dondurulmuş bezelyeleri karıştırın. Kapağı kapatın ve 7-10 dakika daha veya sıvının çoğu emilene kadar pişirin.
ç) Son olarak doğranmış domatesi ekleyip karıştırın.

21. Tavuk ve İtalyan Sosisli Paella

İÇİNDEKİLER:

- 2 tavuk budu, derili, kızartılmış
- 2 tavuk budu, derisi alınmış, kızartılmış
- 3 büyük parça İtalyan sosisi kaldı, kızartıldı ve 1 inçlik parçalar halinde kesildi
- 1 kırmızı ve sarı biber, şeritler halinde kesilmiş ve önceden kavrulmuş
- 1 demet önceden haşlanmış baby brokoli
- 1½ bardak pirinç, carnaroli veya arborio gibi kısa taneli
- 4 bardak tavuk suyu, ısıtılmış
- 1 su bardağı közlenmiş kırmızı biber püresi
- ¼ bardak sek beyaz şarap
- 1 orta boy soğan, iri doğranmış
- 4 büyük diş sarımsak, traşlanmış
- rendelenmiş parmesan veya Romano peyniri
- zeytin yağı

TALİMATLAR:

a) Tavuk parçalarınızı bir paella tavasında kızartarak başlayın, her iki tarafı da iyi bir kabuk elde edin ve neredeyse tamamen pişirin, ancak tam olarak değil, sonra bir kenara koyun.
b) Tavadaki fazla yağı silin, ardından kalan sosisteki fazla yağı silin.
c) Büyük bir tavada zeytinyağını gezdirin, ardından rendelenmiş sarımsak ve soğanı ekleyin ve yumuşak ve altın rengi olana kadar soteleyin.
d) Şarabı ekleyin ve bir dakika kaynamaya bırakın.
e) Pirincin tamamını kırmızı biber pürenizin yarısı veya biraz daha fazlası ile birleştirin. Eşit şekilde kaplanana kadar fırlatın, ardından pirinç karışımını tavanın tabanına bastırın.
f) Pirince biraz rendelenmiş peynir, tuz ve karabiber ekleyin.
g) Sosis parçalarını tavuk parçalarıyla birlikte tavanın çevresine yerleştirin.
h) Kalan sebzeleri etin etrafına yaratıcı bir şekilde yerleştirin.
i) 4 bardak ılık et suyunun tamamını dikkatli bir şekilde üstüne koyun.
j) Daha fazla lezzet için tavuğun üzerine bir hamur fırçası kullanarak fazladan kırmızı biber püresini sürün, istenirse her tarafına biraz daha noktacıklar çizin.
k) Nem buharlaşana kadar, gevşek bir şekilde folyo ile kaplanmış olarak kısık ateşte pişirin.
l) Fırını önceden 375°F'ye ısıtın ve etin tamamen pişmesini sağlamak için kapalı tavayı 15-20 dakika pişirin.
m) Pirinçler yumuşayıncaya kadar ocakta pişirmeye devam edin.
n) Tüm süre yaklaşık 45 dakika olmalıdır.
o) Birkaç dakika soğuması için bir kenara koyun.
p) Kıyılmış taze fesleğen ve maydanozla süsleyin.

22. Tavuk ve Deniz Ürünlü Paella Salatası

İÇİNDEKİLER:
PİRİNÇ İÇİN:
- 3 yemek kaşığı en kaliteli zeytinyağı
- 3 büyük diş sarımsak, doğranmış
- 1 küçük soğan, ince doğranmış
- 2 su bardağı uzun taneli pirinç
- 4 ½ su bardağı tavuk suyu
- ¼ çay kaşığı toz safran veya 1 çay kaşığı safran ipi
- ½ çay kaşığı zerdeçal
- ½ çay kaşığı kurutulmuş kekik

VINAIGRETTE İÇİN:
- ⅔ su bardağı zeytinyağı
- 2 yemek kaşığı kırmızı şarap sirkesi
- 1 büyük diş sarımsak, kıyılmış
- ¼ bardak ince kıyılmış taze maydanoz
- Tatmak için tuz
- Bol miktarda taze çekilmiş karabiber

SALATA İÇİN:
- 1 bütün pişmiş tavuk göğsü, derisi soyulmuş, kemikleri çıkarılmış ve ısırık büyüklüğünde parçalar halinde kesilmiş
- 12 adet pişmiş karides, kabuklu ve kabuğu çıkarılmış
- ½ pound pişmiş chorizo, dilimlenmiş
- 1 büyük kırmızı dolmalık biber, çekirdeği çıkarılmış ve doğranmış
- 1 büyük olgun domates, çekirdeği çıkarılmış ve doğranmış
- 14 ons konserve enginar kalbi, süzülmüş ve dilimlenmiş
- 1 su bardağı taze veya dondurulmuş bezelye
- 6 bütün taze soğan, ince doğranmış
- ¼ bardak doğranmış taze maydanoz
- 14 Kalamata zeytini, çekirdekleri çıkarılmış ve ikiye bölünmüş

TALİMATLAR:

a) 4,5 litrelik ağır bir tencerede 3 yemek kaşığı zeytinyağını ısıtın. Kıyılmış sarımsak ve soğanı ekleyin ve yumuşayana kadar yaklaşık 2 dakika pişirin.
b) Pirinci ekleyin ve yağla kaplanacak şekilde karıştırın.
c) Tavuk suyunu, safranı (toz haline getirilmiş veya ufalanmış iplikler), zerdeçalı ve kurutulmuş kekiği ekleyin. Örtün ve kaynatın. Isıyı azaltın ve su emilene kadar pişirin, bu yaklaşık 25 dakika sürer.
ç) Pişen pirinci geniş bir kaseye aktarın ve oda sıcaklığına soğumasını bekleyin.
d) Küçük bir kapta ⅔ su bardağı zeytinyağı, kırmızı şarap sirkesi, kıyılmış sarımsak, maydanoz, tuz ve bol miktarda taze çekilmiş karabiberi karıştırıp salata sosunu hazırlayın.
e) Soğuyan pirince tavuk, karides, dilimlenmiş chorizo, doğranmış kırmızı dolmalık biber, doğranmış domates, dilimlenmiş enginar kalbi, bezelye, ince doğranmış yeşil soğan, doğranmış maydanoz ve yarıya bölünmüş Kalamata zeytinini ekleyin.
f) Birleştirmek için karıştırın, ardından tüm malzemeleri hafifçe kaplamak için yeterli miktarda salata sosu ekleyin. Dahil etmek için yavaşça karıştırın.
g) Salatayı tadın ve gerekirse baharatları ayarlayın.
ğ) Servis yapmaya hazır olana kadar Paella Salatasını buzdolabında saklayın.

23. Tavuk ve Lima Fasulyeli Paella

İÇİNDEKİLER:

- 2 yemek kaşığı zeytinyağı (tercihen sızma)
- 2 ½ su bardağı doğranmış kırmızı soğan (yaklaşık 2 orta boy)
- 1 ons ince doğranmış füme jambon (yetersiz ¼ bardak)
- 4 yemek kaşığı doğranmış taze kekik veya 1 ½ yemek kaşığı kurutulmuş
- 3 büyük defne yaprağı
- 8 ons derisiz kemiksiz tavuk butları, yağları kesilmiş, 1 inçlik parçalar halinde kesilmiş
- 3 su bardağı dondurulmuş bebek lima fasulyesi (yaklaşık 1 pound)
- 1 kutu İtalyan usulü domates, parçalara ayrılmış, meyve suları ayrılmış (16 ons)
- 6 diş sarımsak, kıyılmış

TALİMATLAR:

a) 2 yemek kaşığı zeytinyağını büyük yapışmaz tavada orta-yüksek ateşte ısıtın.

b) Doğranmış kırmızı soğanı, ince doğranmış füme jambonu, doğranmış taze kekiği ve defne yapraklarını tavaya ekleyin. Soğanlar yumuşak ve altın rengi olana kadar soteleyin, bu yaklaşık 8 dakika sürecektir.

c) Tavuk parçalarını, dondurulmuş baby lima fasulyesini, İtalyan usulü domatesleri, sularıyla birlikte ve kıyılmış sarımsak dişlerini ekleyin. Karışımı kaynatın.

ç) Isıyı orta-düşük seviyeye indirin, kapağını kapatın ve tavuk parçaları pişene ve lima fasulyeleri yumuşayana kadar yaklaşık 25 dakika pişirin. Defne yapraklarını atın.

d) Karışımı tuz ve karabiberle tatlandırın.

e) Paellayı geniş bir servis kabına aktarın, üzerine kalan 1 yemek kaşığı doğranmış taze kekiği serpip servis yapın.

24. Tavuklu ve Güneşte Kurutulmuş Domatesli Paella

İÇİNDEKİLER:

- 1 ½ yemek kaşığı zeytinyağı
- 6 tavuk budu, derileri üzerinde
- 1 ¼ bardak doğranmış soğan
- 1 bardak yeşil dolmalık biber, jülyen doğranmış
- 2 büyük diş sarımsak, kıyılmış
- 1 ½ su bardağı uzun taneli pirinç, pişmemiş
- 3 su bardağı tavuk suyu
- 14 ½ onsluk bütün domates konservesi, soyulmuş
- 1 ½ su bardağı güneşte kurutulmuş domates, ikiye bölünmüş
- 1 bardak kuru beyaz şarap
- 1 yemek kaşığı taze kekik, doğranmış (veya 1 çay kaşığı kurutulmuş kekik)
- 1 yemek kaşığı taze kekik, doğranmış (veya 1 çay kaşığı kurutulmuş kekik)
- ¼ çay kaşığı kırmızı biber gevreği (veya daha baharatlı seviyorsanız ½ çay kaşığı)
- 1 ½ pound istiridye ve/veya midye, temizlenmiş
- ¾ pound orta boy karides, soyulmuş
- 1 su bardağı dondurulmuş bezelye, çözülmüş
- Tatmak için biber ve tuz

TALİMATLAR:

a) Zeytinyağını Hollanda fırınında veya büyük tavada ısıtın. Tavuk bacaklarını ekleyin ve her tarafı kızarana kadar yaklaşık 10 dakika soteleyin. Tavuğu çıkarın ve bir kenara koyun.

b) Aynı tencereye doğranmış soğanı, jülyen doğranmış yeşil biberi ve kıyılmış sarımsağı ekleyin. Yaklaşık 3 dakika karıştırarak soteleyin.

c) Pişmemiş uzun taneli pirinç, tavuk bulyon, konserve bütün domates, güneşte kurutulmuş domates, beyaz şarap, taze kekik (veya kurutulmuş kekik), taze kekik (veya kurutulmuş kekik) ve kırmızı pul biberi ekleyin. Karışımı kaynatın.

ç) Tencerenin kapağını kapatın ve yaklaşık 20 dakika veya sıvının çoğu neredeyse emilene kadar pişirin.

d) İstiridyeleri ve/veya midyeleri karıştırın ve yaklaşık 6 dakika veya kabuklar açılmaya başlayana kadar pişirin.

e) Soyulmuş karidesleri ve çözülmüş dondurulmuş bezelyeleri ekleyin. 2 ila 3 dakika daha veya karidesler opaklaşana ve tüm deniz tarağı veya midye kabukları açılana kadar pişirin.

f) Tatmak için tuz ve karabiber ekleyin.

25. İspanyol Tavuklu Midye Paella

İÇİNDEKİLER:

- 2 yemek kaşığı zeytinyağı
- 1 su bardağı sarı soğan, kıyılmış (1 orta boy)
- 1 kırmızı veya yeşil dolmalık biber, çekirdeği çıkarılmış, çekirdekleri çıkarılmış ve şeritler halinde kesilmiş
- 1 su bardağı çekirdekleri çıkarılmış ve doğranmış domates (1 kiloluk kutu)
- 1 çay kaşığı kurutulmuş kekik ve fesleğen, ufalanmış
- 1 çay kaşığı kimyon tohumu
- 1 defne yaprağı
- 1 yemek kaşığı kıyılmış sarımsak
- 2½ pound tavuk, 10 porsiyon parçaya bölünmüş (veya 6 tavuk budu, but ve butlara ayrılmış, 3 pound'a kadar)
- Tuz ve biber
- 2 yemek kaşığı zeytinyağı
- ½ pound chorizo veya İspanyol sosisi, çapraz olarak dilimler halinde kesilmiş (veya füme jambon, doğranmış, yaklaşık 3 bağlantı)
- 4½ su bardağı tavuk suyu (4 bardağa kadar)
- ¼ çay kaşığı öğütülmüş safran veya zerdeçal
- 3 su bardağı uzun taneli pirinç
- 1 kiloluk midye, iyice temizlenmiş, sakalları çıkarılmış ve durulanmış
- 1 su bardağı taze veya dondurulmuş bezelye, çözülmüş
- Garnitür için kıyılmış taze kişniş veya maydanoz
- Garnitür için limon dilimleri

TALİMATLAR:
SOFRİTO İÇİN:
a) Sofrito'yu hazırlayın: Bir tavada 2 yemek kaşığı zeytinyağını ısıtın.
b) Kıyılmış soğanı ve dolmalık biberi ekleyin ve yumuşayana kadar yaklaşık 2 dakika pişirin.
c) Doğranmış domatesi, kurutulmuş kekiği, fesleğeni, kimyon tohumunu, defne yaprağını ve kıyılmış sarımsağı ekleyin. Tuz ve karabiberle tatlandırın. Karışımı 5 ila 7 dakika veya sıvının neredeyse tamamı buharlaşana kadar pişirin. Bir kenara koyun.

PAELLA'YI MONTE EDİN:
ç) Tavuğu kurulayın ve tuz ve karabiberle tatlandırın.
d) Fırına dayanıklı büyük, derin bir tavada, yağı sıcak olana kadar orta derecede yüksek ateşte ısıtın.
e) Tavuğu tavaya ekleyin ve her iki tarafını da 7 ila 10 dakika veya kahverengileşinceye kadar pişirin. Tavukları bir tabağa aktarın.
f) Sosis veya jambonu tavaya ekleyin, hafifçe kızarıncaya kadar karıştırarak pişirin ve oluklu bir kaşıkla tabağa aktarın.
g) Fırını önceden 400 dereceye ısıtın.
ğ) Bir tencerede et suyunu orta derecede yüksek ateşte kaynama noktasına getirin, safranı veya zerdeçalı ekleyin ve karışımın 5 dakika demlenmesini bekleyin.
h) 14 inçlik paella tavasında veya fırına dayanıklı büyük, derin bir tavada pirinci, tavuğu, sosisi veya jambonu ve sofritoyu düzenleyin.
ı) Hazırlanan et suyunu ekleyin, sıvıyı yüksek ateşte karıştırarak kaynama noktasına getirin ve tavayı hemen ocaktan alın.
i) Midyeleri tavaya dizin ve paellayı fırının zemininde 25 dakika pişirin. Pişirme sırasında paellayı karıştırmayın. Karışım kururrsa ilave et suyunu ekleyin.
j) Bezelyeyi ekleyin ve paellayı 10 dakika daha veya sıvı emilip midyeler açılıncaya kadar pişirin.
k) Servis etmeden önce paellayı bulaşık havlusuyla örtülü olarak 5 dakika bekletin.
l) Paellayı kişniş ve limon dilimleriyle süslenmiş tabağında servis edin.

26. Hindi ve Sebzeli Paella

İÇİNDEKİLER:
- 2 su bardağı Arborio pirinci
- 1 pound öğütülmüş hindi
- 1 soğan, ince doğranmış
- 3 diş sarımsak, kıyılmış
- 1 yeşil dolmalık biber, doğranmış
- 1 kabak, dilimlenmiş
- 1 su bardağı kiraz domates, ikiye bölünmüş
- 4 su bardağı tavuk suyu
- 1 çay kaşığı kırmızı biber
- Bir tutam safran ipliği
- Tatmak için biber ve tuz
- 1/4 su bardağı zeytinyağı

TALİMATLAR:
a) Paella tavasında zeytinyağını orta ateşte ısıtın. Doğranmış soğan ve sarımsağı ekleyin; yumuşayana kadar soteleyin.
b) Öğütülmüş hindiyi ekleyin ve kızarana kadar pişirin.
c) Arborio pirincini karıştırın, yağa bulayın ve hindiyle karıştırın.
ç) Doğranmış yeşil biberi, dilimlenmiş kabakları ve kiraz domatesleri ekleyin. Tavuk suyuna dökün.
d) Kırmızı biber, safran iplikleri, tuz ve karabiberle tatlandırın.
e) Pirinç neredeyse hazır olana kadar pişirin. Tencerenin kapağını kapatıp pirinçler tamamen pişene kadar pişmeye bırakın.
f) Sıcak servis yapın.

27. Ördek ve Mantarlı Paella

İÇİNDEKİLER:
- 2 su bardağı Calasparra pirinci
- 1 kiloluk ördek bacağı, derili
- 1 soğan, ince doğranmış
- 3 diş sarımsak, kıyılmış
- 1 bardak yabani mantar, dilimlenmiş
- 1 kırmızı dolmalık biber, doğranmış
- 4 su bardağı tavuk suyu
- 1 çay kaşığı kekik
- Bir tutam safran ipliği
- Tatmak için biber ve tuz
- 1/4 su bardağı zeytinyağı

TALİMATLAR:
a) Paella tavasında zeytinyağını orta ateşte ısıtın. Doğranmış soğan ve sarımsağı ekleyin; yumuşayana kadar soteleyin.
b) Ördek bacaklarını ekleyin ve her tarafı kızarana kadar pişirin.
c) Calasparra pirincini karıştırın, yağa bulayın ve ördekle karıştırın.
ç) Dilimlenmiş yabani mantarları ve doğranmış kırmızı dolmalık biberi ekleyin. Tavuk suyuna dökün.
d) Kekik, safran iplikleri, tuz ve karabiberle tatlandırın.
e) Pirinç neredeyse hazır olana kadar pişirin. Tencerenin kapağını kapatıp pirinçler tamamen pişene kadar pişmeye bırakın.
f) Sıcak servis yapın.

28. Cornish Tavuğu ve Chorizo Paella

İÇİNDEKİLER:

- 2 su bardağı Valensiya pirinci
- 2 Cornish tavuğu, parçalar halinde kesilmiş
- 1/2 kiloluk chorizo sosisi, dilimlenmiş
- 1 soğan, ince doğranmış
- 3 diş sarımsak, kıyılmış
- 1 kırmızı dolmalık biber, dilimlenmiş
- 1 su bardağı dondurulmuş bezelye
- 4 su bardağı tavuk suyu
- 1 çay kaşığı kırmızı biber
- Bir tutam safran ipliği
- Tatmak için biber ve tuz
- 1/4 su bardağı zeytinyağı

TALİMATLAR:

a) Paella tavasında zeytinyağını orta ateşte ısıtın. Doğranmış soğan ve sarımsağı ekleyin; yumuşayana kadar soteleyin.
b) Cornish tavuk parçalarını ve chorizo'yu ekleyin; Tavukların her tarafı kızarana kadar pişirin.
c) Valencia pirincini karıştırın, yağa bulayın ve tavuk ve chorizo ile karıştırın.
ç) Dilimlenmiş kırmızı dolmalık biberi ve dondurulmuş bezelyeyi ekleyin. Tavuk suyuna dökün.
d) Kırmızı biber, safran iplikleri, tuz ve karabiberle tatlandırın.
e) Pirinç neredeyse hazır olana kadar pişirin. Tencerenin kapağını kapatıp pirinçler tamamen pişene kadar pişmeye bırakın.
f) Sıcak servis yapın.

29. Hindi ve Deniz Ürünlü Paella

İÇİNDEKİLER:
- 2 su bardağı Arborio pirinci
- 1 pound öğütülmüş hindi
- 1/2 pound karışık deniz ürünleri (karides, midye, kalamar)
- 1 soğan, ince doğranmış
- 3 diş sarımsak, kıyılmış
- 1 kırmızı dolmalık biber, dilimlenmiş
- 1 domates, doğranmış
- 4 su bardağı tavuk veya balık suyu
- 1 çay kaşığı füme kırmızı biber
- 1/2 çay kaşığı safran iplikleri
- Tatmak için biber ve tuz
- 1/4 su bardağı zeytinyağı

TALİMATLAR:
a) Paella tavasında zeytinyağını orta ateşte ısıtın. Doğranmış soğan ve sarımsağı ekleyin; yumuşayana kadar soteleyin.
b) Öğütülmüş hindiyi ekleyin ve kızarana kadar pişirin.
c) Arborio pirincini karıştırın, yağa bulayın ve hindiyle karıştırın.
ç) Doğranmış domatesleri ve dilimlenmiş kırmızı dolmalık biberi ekleyin. Tavuk veya balık suyuna dökün.
d) Füme kırmızı biber, safran iplikleri, tuz ve karabiberle tatlandırın.
e) Karışık deniz ürünlerini pirincin üzerine yerleştirin ve pirinç neredeyse hazır olana kadar pişirin.
f) Tencerenin kapağını kapatıp pirinçler tamamen pişene kadar pişmeye bırakın.
g) Sıcak servis yapın.

OYUN ETLİ PAELLA

30. Geyik eti ve yabani mantarlı paella

İÇİNDEKİLER:

- 2 su bardağı Bomba pirinci
- 1 kiloluk geyik eti, küp şeklinde
- 1 soğan, ince doğranmış
- 3 diş sarımsak, kıyılmış
- 1 su bardağı karışık yabani mantar, dilimlenmiş
- 1 kırmızı dolmalık biber, doğranmış
- 4 su bardağı geyik eti veya et suyu
- 1 çay kaşığı füme kırmızı biber
- Bir tutam safran ipliği
- Tatmak için biber ve tuz
- 1/4 su bardağı zeytinyağı

TALİMATLAR:

a) Paella tavasında zeytinyağını orta ateşte ısıtın. Doğranmış soğan ve sarımsağı ekleyin; yumuşayana kadar soteleyin.
b) Küp doğranmış geyik eti ekleyin ve her tarafı kızarana kadar pişirin.
c) Bomba pirincini karıştırın, yağa bulayın ve geyik etiyle karıştırın.
ç) Dilimlenmiş yabani mantarları ve doğranmış kırmızı dolmalık biberi ekleyin. Geyik eti veya et suyuna dökün.
d) Füme kırmızı biber, safran iplikleri, tuz ve karabiberle tatlandırın.
e) Pirinç neredeyse hazır olana kadar pişirin. Tencerenin kapağını kapatıp pirinçler tamamen pişene kadar pişmeye bırakın.
f) Sıcak servis yapın.

31. Yaban Domuzu ve Chorizo Paella

İÇİNDEKİLER:
- 2 su bardağı Calasparra pirinci
- 1 pound yaban domuzu, doğranmış
- 1/2 kiloluk chorizo sosisi, dilimlenmiş
- 1 soğan, ince doğranmış
- 3 diş sarımsak, kıyılmış
- 1 yeşil dolmalık biber, dilimlenmiş
- 4 su bardağı av eti veya et suyu
- 1 çay kaşığı kırmızı biber
- Bir tutam safran ipliği
- Tatmak için biber ve tuz
- 1/4 su bardağı zeytinyağı

TALİMATLAR:
a) Paella tavasında zeytinyağını orta ateşte ısıtın. Doğranmış soğan ve sarımsağı ekleyin; yumuşayana kadar soteleyin.
b) Doğranmış yaban domuzu ve chorizo'yu ekleyin; etler kızarana kadar pişirin.
c) Calasparra pirincini karıştırın, yağa bulayın ve etle karıştırın.
ç) Dilimlenmiş yeşil dolmalık biberi ekleyin. Av eti veya et suyunu dökün.
d) Kırmızı biber, safran iplikleri, tuz ve karabiberle tatlandırın.
e) Pirinç neredeyse hazır olana kadar pişirin. Tencerenin kapağını kapatıp pirinçler tamamen pişene kadar pişmeye bırakın.
f) Sıcak servis yapın.

32. Sülün ve Sebzeli Paella

İÇİNDEKİLER:
- 2 su bardağı Arborio pirinci
- 1 kiloluk sülün eti, kemiksiz ve doğranmış
- 1 soğan, ince doğranmış
- 3 diş sarımsak, kıyılmış
- 1 sarı dolmalık biber, doğranmış
- 1 su bardağı yeşil fasulye, kesilmiş ve yarıya bölünmüş
- 4 bardak tavuk veya av eti suyu
- 1 çay kaşığı kekik
- Bir tutam safran ipliği
- Tatmak için biber ve tuz
- 1/4 su bardağı zeytinyağı

TALİMATLAR:
a) Paella tavasında zeytinyağını orta ateşte ısıtın. Doğranmış soğan ve sarımsağı ekleyin; yumuşayana kadar soteleyin.
b) Doğranmış sülün etini ekleyip rengi dönene kadar pişirin.
c) Arborio pirincini karıştırın, yağa bulayın ve sülünle karıştırın.
ç) Kıyılmış sarı dolmalık biberi ve yarıya bölünmüş yeşil fasulyeyi ekleyin. Tavuk veya av et suyuna dökün.
d) Kekik, safran iplikleri, tuz ve karabiberle tatlandırın.
e) Pirinç neredeyse hazır olana kadar pişirin. Tencerenin kapağını kapatıp pirinçler tamamen pişene kadar pişmeye bırakın.
f) Sıcak servis yapın.

33. Elk ve Kuşkonmaz Paella

İÇİNDEKİLER:

- 2 su bardağı kısa taneli pirinç
- Her et için 1 pound, ince dilimlenmiş
- 1 soğan, ince doğranmış
- 3 diş sarımsak, kıyılmış
- 1 kırmızı dolmalık biber, dilimlenmiş
- 1 bardak kuşkonmaz, kesilmiş ve parçalara bölünmüş
- 4 su bardağı av eti veya et suyu
- 1 çay kaşığı füme kırmızı biber
- Bir tutam safran ipliği
- Tatmak için biber ve tuz
- 1/4 su bardağı zeytinyağı

TALİMATLAR:

a) Paella tavasında zeytinyağını orta ateşte ısıtın. Doğranmış soğan ve sarımsağı ekleyin; yumuşayana kadar soteleyin.
b) Her bir eti dilimlenmiş ekleyin ve kızarana kadar pişirin.
c) Kısa taneli pirinci karıştırın, yağa bulayın ve geyik etiyle karıştırın.
ç) Dilimlenmiş kırmızı dolmalık biber ve kuşkonmazı ekleyin. Av eti veya et suyunu dökün.
d) Füme kırmızı biber, safran iplikleri, tuz ve karabiberle tatlandırın.
e) Pirinç neredeyse hazır olana kadar pişirin. Tencerenin kapağını kapatıp pirinçler tamamen pişene kadar pişmeye bırakın.
f) Sıcak servis yapın.

34. Bizon ve Sebzeli Paella

İÇİNDEKİLER:
- 2 su bardağı Bomba pirinci
- 1 kiloluk bizon eti, doğranmış
- 1 soğan, ince doğranmış
- 3 diş sarımsak, kıyılmış
- 1 sarı dolmalık biber, doğranmış
- 1 kabak, dilimlenmiş
- 4 su bardağı bizon veya et suyu
- 1 çay kaşığı kırmızı biber
- Bir tutam safran ipliği
- Tatmak için biber ve tuz
- 1/4 su bardağı zeytinyağı

TALİMATLAR:
a) Paella tavasında zeytinyağını orta ateşte ısıtın. Doğranmış soğan ve sarımsağı ekleyin; yumuşayana kadar soteleyin.
b) Doğranmış bizon etini ekleyin ve kızarana kadar pişirin.
c) Bomba pirincini karıştırın, yağa bulayın ve bizonla karıştırın.
ç) Doğranmış sarı dolmalık biberi ve dilimlenmiş kabakları ekleyin. Bizon veya et suyuna dökün.
d) Kırmızı biber, safran iplikleri, tuz ve karabiberle tatlandırın.
e) Pirinç neredeyse hazır olana kadar pişirin. Tencerenin kapağını kapatıp pirinçler tamamen pişene kadar pişmeye bırakın.
f) Sıcak servis yapın.

35. Yaban Ördeği ve Kestaneli Paella

İÇİNDEKİLER:

- 2 su bardağı Calasparra pirinci
- 1 pound yaban ördeği göğsü, ince dilimlenmiş
- 1 soğan, ince doğranmış
- 3 diş sarımsak, kıyılmış
- 1 su bardağı kestane, soyulmuş ve dilimlenmiş
- 1 kırmızı dolmalık biber, doğranmış
- 4 su bardağı av eti veya tavuk suyu
- 1 çay kaşığı kekik
- Bir tutam safran ipliği
- Tatmak için biber ve tuz
- 1/4 su bardağı zeytinyağı

TALİMATLAR:

a) Paella tavasında zeytinyağını orta ateşte ısıtın. Doğranmış soğan ve sarımsağı ekleyin; yumuşayana kadar soteleyin.
b) Dilimlenmiş yaban ördeği göğüslerini ekleyin ve kızarana kadar pişirin.
c) Calasparra pirincini karıştırın, yağa bulayın ve ördekle karıştırın.
ç) Dilimlenmiş kestane ve doğranmış kırmızı dolmalık biberi ekleyin. Av eti veya tavuk suyunu dökün.
d) Kekik, safran iplikleri, tuz ve karabiberle tatlandırın.
e) Pirinç neredeyse hazır olana kadar pişirin. Tencerenin kapağını kapatıp pirinçler tamamen pişene kadar pişmeye bırakın.
f) Sıcak servis yapın.

36. Bıldırcın ve Kabak Paella

İÇİNDEKİLER:
- 2 su bardağı Bomba pirinci
- 1 kiloluk bıldırcın, yarıya bölünmüş
- 1 soğan, ince doğranmış
- 3 diş sarımsak, kıyılmış
- 1 su bardağı balkabağı, doğranmış
- 1 sarı dolmalık biber, dilimlenmiş
- 4 su bardağı av eti veya tavuk suyu
- 1 çay kaşığı füme kırmızı biber
- Bir tutam safran ipliği
- Tatmak için biber ve tuz
- 1/4 su bardağı zeytinyağı

TALİMATLAR:
a) Paella tavasında zeytinyağını orta ateşte ısıtın. Doğranmış soğan ve sarımsağı ekleyin; yumuşayana kadar soteleyin.
b) Bıldırcın yarımlarını ekleyin ve her tarafı kızarana kadar pişirin.
c) Bomba pirincini karıştırın, yağa bulayın ve bıldırcınla karıştırın.
ç) Küp küp doğranmış balkabağı ve dilimlenmiş sarı dolmalık biberi ekleyin. Av eti veya tavuk suyunu dökün.
d) Füme kırmızı biber, safran iplikleri, tuz ve karabiberle tatlandırın.
e) Pirinç neredeyse hazır olana kadar pişirin. Tencerenin kapağını kapatıp pirinçler tamamen pişene kadar pişmeye bırakın.
f) Sıcak servis yapın.

37. Yabani Hindi ve Kızılcık Paella

İÇİNDEKİLER:
- 2 su bardağı Arborio pirinci
- 1 pound yabani hindi, doğranmış
- 1 soğan, ince doğranmış
- 3 diş sarımsak, kıyılmış
- 1 su bardağı kızılcık, taze veya kurutulmuş
- 1 yeşil dolmalık biber, doğranmış
- 4 bardak av eti veya hindi suyu
- 1 çay kaşığı kekik
- Bir tutam safran ipliği
- Tatmak için biber ve tuz
- 1/4 su bardağı zeytinyağı

TALİMATLAR:
a) Paella tavasında zeytinyağını orta ateşte ısıtın. Doğranmış soğan ve sarımsağı ekleyin; yumuşayana kadar soteleyin.
b) Doğranmış yabani hindiyi ekleyin ve kızarana kadar pişirin.
c) Arborio pirincini karıştırın, yağa bulayın ve hindiyle karıştırın.
ç) Kızılcık ve doğranmış yeşil dolmalık biberi ekleyin. Av eti veya hindi suyunu dökün.
d) Kekik, safran iplikleri, tuz ve karabiberle tatlandırın.
e) Pirinç neredeyse hazır olana kadar pişirin. Tencerenin kapağını kapatıp pirinçler tamamen pişene kadar pişmeye bırakın.
f) Sıcak servis yapın.

38. Bizon ve Mısır Paella

İÇİNDEKİLER:
- 2 su bardağı kısa taneli pirinç
- 1 kiloluk bizon eti, ince dilimlenmiş
- 1 soğan, ince doğranmış
- 3 diş sarımsak, kıyılmış
- 1 su bardağı mısır taneleri
- 1 kırmızı dolmalık biber, doğranmış
- 4 su bardağı bizon veya et suyu
- 1 çay kaşığı kırmızı biber
- Bir tutam safran ipliği
- Tatmak için biber ve tuz
- 1/4 su bardağı zeytinyağı

TALİMATLAR:
a) Paella tavasında zeytinyağını orta ateşte ısıtın. Doğranmış soğan ve sarımsağı ekleyin; yumuşayana kadar soteleyin.
b) Dilimlenmiş bizon etini ekleyin ve kızarana kadar pişirin.
c) Kısa taneli pirinci karıştırın, yağa bulayın ve bizonla karıştırın.
ç) Mısır tanelerini ve doğranmış kırmızı dolmalık biberi ekleyin. Bizon veya et suyuna dökün.
d) Kırmızı biber, safran iplikleri, tuz ve karabiberle tatlandırın.
e) Pirinç neredeyse hazır olana kadar pişirin. Tencerenin kapağını kapatıp pirinçler tamamen pişene kadar pişmeye bırakın.
f) Sıcak servis yapın.

39. Tavşan ve Kirazlı Paella

İÇİNDEKİLER:

- 2 su bardağı Valensiya pirinci
- 1 kiloluk tavşan eti, parçalar halinde kesilmiş
- 1 soğan, ince doğranmış
- 3 diş sarımsak, kıyılmış
- 1 bardak kiraz, çekirdeği çıkarılmış ve yarıya bölünmüş
- 1 sarı dolmalık biber, dilimlenmiş
- 4 su bardağı av eti veya tavuk suyu
- 1 çay kaşığı füme kırmızı biber
- Bir tutam safran ipliği
- Tatmak için biber ve tuz
- 1/4 su bardağı zeytinyağı

TALİMATLAR:

a) Paella tavasında zeytinyağını orta ateşte ısıtın. Doğranmış soğan ve sarımsağı ekleyin; yumuşayana kadar soteleyin.
b) Tavşan parçalarını ekleyin ve her tarafı kızarana kadar pişirin.
c) Valencia pirincini karıştırın, yağa bulayın ve tavşanla karıştırın.
ç) Yarıya bölünmüş kirazları ve dilimlenmiş sarı dolmalık biberi ekleyin. Av eti veya tavuk suyunu dökün.
d) Füme kırmızı biber, safran iplikleri, tuz ve karabiberle tatlandırın.
e) Pirinç neredeyse hazır olana kadar pişirin. Tencerenin kapağını kapatıp pirinçler tamamen pişene kadar pişmeye bırakın.
f) Sıcak servis yapın.

40. Bıldırcın ve Mantarlı Paella

İÇİNDEKİLER:
- 2 su bardağı Calasparra pirinci
- 1 kiloluk bıldırcın, yarıya bölünmüş
- 1 soğan, ince doğranmış
- 3 diş sarımsak, kıyılmış
- 1 su bardağı karışık mantar, dilimlenmiş
- 1 sarı dolmalık biber, doğranmış
- 4 su bardağı tavuk suyu
- 1 çay kaşığı kekik
- Bir tutam safran ipliği
- Tatmak için biber ve tuz
- 1/4 su bardağı zeytinyağı

TALİMATLAR:
a) Paella tavasında zeytinyağını orta ateşte ısıtın. Doğranmış soğan ve sarımsağı ekleyin; yumuşayana kadar soteleyin.
b) Bıldırcın yarımlarını ekleyin ve her tarafı kızarana kadar pişirin.
c) Calasparra pirincini karıştırın, yağa bulayın ve bıldırcınla karıştırın.
ç) Dilimlenmiş karışık mantarları ve doğranmış sarı dolmalık biberi ekleyin. Tavuk suyuna dökün.
d) Kekik, safran iplikleri, tuz ve karabiberle tatlandırın.
e) Pirinç neredeyse hazır olana kadar pişirin. Tencerenin kapağını kapatıp pirinçler tamamen pişene kadar pişmeye bırakın.
f) Sıcak servis yapın.

41. Tavşanlı ve Sebzeli Paella

İÇİNDEKİLER:
- 2 su bardağı Bomba pirinci
- 1 kiloluk tavşan eti, parçalar halinde kesilmiş
- 1 soğan, ince doğranmış
- 3 diş sarımsak, kıyılmış
- 1 yeşil dolmalık biber, doğranmış
- 1 bardak enginar kalbi, dörde bölünmüş
- 4 su bardağı tavuk suyu
- 1 çay kaşığı füme kırmızı biber
- Bir tutam safran ipliği
- Tatmak için biber ve tuz
- 1/4 su bardağı zeytinyağı

TALİMATLAR:
a) Paella tavasında zeytinyağını orta ateşte ısıtın. Doğranmış soğan ve sarımsağı ekleyin; yumuşayana kadar soteleyin.
b) Tavşan parçalarını ekleyin ve her tarafı kızarana kadar pişirin.
c) Bomba pirincini karıştırın, yağa bulayın ve tavşanla karıştırın.
ç) Doğranmış yeşil biberi ve dörde bölünmüş enginar kalbini ekleyin. Tavuk suyuna dökün.
d) Füme kırmızı biber, safran iplikleri, tuz ve karabiberle tatlandırın.
e) Pirinç neredeyse hazır olana kadar pişirin. Tencerenin kapağını kapatıp pirinçler tamamen pişene kadar pişmeye bırakın.
f) Sıcak servis yapın.

42. Tavuk, Tavşan ve Chorizo Deniz ürünlü pilav

İÇİNDEKİLER:

- 2 su bardağı Bomba pirinci
- 4 su bardağı tavuk suyu
- 1 pound tavuk budu, kemikli ve derili
- 1 kiloluk tavşan, parçalar halinde kesilmiş
- ½ kiloluk chorizo sosis, dilimlenmiş
- 1 soğan, ince doğranmış
- 3 diş sarımsak, kıyılmış
- 1 kırmızı dolmalık biber, dilimlenmiş
- 1 domates, rendelenmiş
- 1 çay kaşığı füme kırmızı biber
- ½ çay kaşığı safran ipi
- Tatmak için biber ve tuz
- Yemek pişirmek için zeytinyağı
- Garnitür için taze maydanoz
- Servis için limon dilimleri

TALİMATLAR:

a) Küçük bir kapta safran ipliklerini birkaç yemek kaşığı ılık suyla birleştirin. Dik olsun.

b) Tavuk butlarını ve tavşan parçalarını tuz ve karabiberle tatlandırın. Büyük bir paella tavasında zeytinyağını orta-yüksek ateşte ısıtın. Tavuğu ve tavşanı her taraftan kızartın.

c) Chorizo dilimlerini ekleyip yağları çıkana kadar soteleyin.

ç) Soğanı, sarımsağı ve kırmızı biberi ekleyip karıştırın. Sebzeler yumuşayana kadar pişirin.

d) Rendelenmiş domatesi, füme kırmızı biberi ve safranlı karışımı ekleyin. Birkaç dakika pişirin.

e) Pirinci tavanın üzerine eşit şekilde yayın ve tavuk suyunun içine dökün.

f) Pirinç pişene ve sıvıyı çekene kadar hiç karıştırmadan pişmeye bırakın.

g) Taze maydanozla süsleyip limon dilimleriyle servis yapın.

MAKARNA PAELLA

43. Paella Primavera

İÇİNDEKİLER:
- 2 ½ çay kaşığı zeytinyağı
- 1 su bardağı doğranmış kırmızı dolmalık biber
- 1 su bardağı ince dilimlenmiş yeşil soğan
- 3 bardak düşük sodyumlu sebze suyu
- 1 yemek kaşığı kıyılmış sarımsak (3 diş)
- 1 çay kaşığı ufalanmış safran ipi
- 1 bardak Valencia gibi kısa taneli beyaz pirinç
- 3 su bardağı brokoli çiçeği
- 1 su bardağı taze veya dondurulmuş bebek bezelyesi
- 1 su bardağı yarıya bölünmüş üzüm veya kiraz domates
- 12 adet çekirdekleri çıkarılmış yarıya yeşil zeytin
- 12 adet çekirdeği çıkarılmış siyah zeytin (isteğe bağlı)
- limon dilimleri
- ¼ bardak doğranmış taze maydanoz

TALİMATLAR:
a) Zeytinyağını büyük yapışmaz tavada orta ateşte ısıtın. Biber ve yeşil soğanı ekleyip 5 dakika pişirin.
b) Sebze suyunu, sarımsağı ve safranı ekleyip karıştırın ve kaynatın.
c) Pirinci malzemelerin üzerine serpin, ısıyı orta-düşük seviyeye indirin ve üstü kapalı olarak 10 dakika pişirin.
ç) Brokoli, bezelye, domates ve zeytinleri pirincin üzerine serpin. Tavayı kapatın ve paellayı 8 dakika veya pirinç yumuşayana kadar pişirin.
d) Ateşten alın ve üstü kapalı olarak 5 dakika dinlendirin. Eğer isterseniz, tuz ve biber katın.
e) Servis yapmak için paellayı 6 kaseye alın ve her birini limon dilimleri ve maydanozla süsleyin.

44. İstiridye ve Baharatlı Sosisli Makarna Paella

İÇİNDEKİLER:
- 1 orta boy kabak
- 4 erik domates
- 1 orta boy soğan
- 2 diş sarımsak
- 2 yemek kaşığı zeytinyağı
- 6 ons Fideos (2 inçlik parçalara bölünmüş İspanyol kurutulmuş sarmal erişte spagetti) veya ince erişte (6 ons)
- ¼ pound sıcak İtalyan sosisi kaldı
- 1 ¼ bardak su
- ¾ bardak sek beyaz şarap
- Littlenecks gibi 12 küçük sert kabuklu istiridye (uzunluğu 2 inçten az)
- 1 yemek kaşığı doğranmış taze maydanoz yaprağı

TALİMATLAR:
a) Kabakları ve domatesleri yarım santimlik parçalar halinde kesin, sebzeleri ayrı tutun. Soğanı yemeklik doğrayın ve sarımsağı kıyın.
b) Ağır bir su ısıtıcısında, zeytinyağını orta derecede yüksek ateşte sıcak olana, ancak duman çıkarmayana kadar ısıtın. Pişmemiş makarnayı ara sıra çevirerek altın rengi oluncaya kadar yaklaşık 2 dakika soteleyin. Makarnayı bir kaseye aktarmak için delikli bir kaşık kullanın.
c) Aynı su ısıtıcısında, kalan yağla birlikte kabakları damak tadınıza göre tuzla, ara sıra karıştırarak, rengi kahverengileşene kadar yaklaşık 3 dakika soteleyin. Kabağı başka bir kaseye aktarın.
ç) Sosisleri kasalarından su ısıtıcısına sıkın ve doğranmış soğanı ve kıyılmış sarımsağı ekleyin. Karışımı karıştırarak ve sosisleri parçalayarak, kızarana kadar yaklaşık 5 dakika soteleyin.
d) Doğranmış domatesleri, suyu ve beyaz şarabı su ısıtıcısına ekleyin ve karışımı kaynatın.
e) Sotelenmiş makarnayı ve istiridyeleri ekleyin. Yaklaşık 8 dakika kadar veya istiridyeler açılıp makarna al dente oluncaya kadar, ara sıra karıştırarak, kapağı açık olarak kaynatın. Açılmamış istiridyeleri atın.
f) Sotelenmiş kabak ve doğranmış maydanozu ekleyip iyice ısınana kadar pişirin.

45. İspanyol Erişte Paella (Fideuà)

İÇİNDEKİLER:

- 10 ons Kalın spagetti veya bucatini
- 2 yemek kaşığı Zeytinyağı
- 1 orta boy soğan, ince doğranmış
- 2 diş sarımsak, kıyılmış
- 3 büyük olgun domates, soyulmuş, çekirdekleri çıkarılmış ve ince doğranmış
- 1 çay kaşığı Tatlı kırmızı biber
- 12 küçük istiridye veya midye, soğuk su altında yıkanmış
- 6 ons Karides, soyulmuş ve ayrılmış
- 6 ons Tarak (büyük olanlar dörde bölünmüş; küçük olanlar ikiye kesilmiş veya bütün olarak bırakılmış)
- 8 ons Maymunbalığı veya diğer sert beyaz balık, çapraz olarak ½ inç dilimler halinde kesin (miktarını gerektiği gibi ayarlayın)
- 3 bardak Balık veya tavuk suyu, şişelenmiş deniz tarağı suyu veya gerektiği kadar
- ¼ çay kaşığı safran ipi, 1 yemek kaşığı ılık suya batırılmış
- Tatmak için tuz ve taze çekilmiş karabiber
- Süslemek için 2 yemek kaşığı kıyılmış taze maydanoz

TALİMATLAR:

a) Kalın spagetti veya bucatini'yi bir seferde birkaç tel tutarak 1 inçlik parçalara bölün ve bir kenara koyun.
b) Zeytinyağını paella tavasında veya büyük bir tavada ısıtın. İnce doğranmış soğanı ve kıyılmış sarımsağı ekleyin ve orta ateşte, yumuşak ve yarı saydam hale gelene, ancak kahverengi olmayana kadar yaklaşık 4 dakika pişirin.
c) Soyulmuş, çekirdekleri çıkarılmış ve ince doğranmış domatesleri ve tatlı kırmızı biberi ilave edip karıştırın. Domateslerdeki tüm sıvı buharlaşana kadar pişirin; bu yaklaşık 5 dakika sürecektir.
ç) İstiridye, karides, deniz tarağı ve maymunbalığını ekleyin ve 1 dakika soteleyin. Daha sonra 2,5 su bardağı balık suyunu ve ılık suda ıslatılmış safranı ekleyin. Kaynamaya getirin.
d) Kırık makarnayı karıştırın ve tekrar kaynatın. Isıyı azaltın ve makarna pişene kadar yavaşça pişirin, bu yaklaşık 15 ila 20 dakika sürecektir. Ara sıra karıştır.
e) Karışım makarna tamamen pişmeden çok fazla kurursa kalan suyu ekleyin. Tatmak için tuz ve karabiber ekleyin.
f) Yemeğin üzerine doğranmış taze maydanoz serpin ve hemen servis yapın.

46. Paella Usulü Kabuklu Deniz Makarnası

İÇİNDEKİLER:
- 2 su bardağı tavuk suyu
- ¾ bardak sek beyaz şarap
- ½ çay kaşığı ufalanmış safran iplikleri
- 3 yemek kaşığı zeytinyağı
- 6 ons Fideos (bobin halinde ince İspanyol eriştesi) veya 2 inç uzunluğa bölünmüş ince spagetti
- 6 büyük karides (pound başına 16 ila 20), kabuklu
- 6 adet büyük deniz tarağı
- 6 Yeni Zelanda midyesi veya Manila istiridyesi, temizlenmiş
- ½ (9 ons) paket dondurulmuş enginar kalbi, çözülmüş
- 1 çay kaşığı kıyılmış taze frenk soğanı

TALİMATLAR:
a) Fırını 200°C'ye (400°F) önceden ısıtın.
b) Bir tencerede tavuk suyunu ve beyaz şarabı kaynatın, ardından safranı ekleyip karıştırın. Karışımı kaynamaya devam edin.
c) Tabanı 8 inç olan ağır, fırına dayanıklı bir tavada, zeytinyağını sıcak olana ancak sigara içmeyene kadar orta derecede yüksek ateşte ısıtın. Pişmemiş makarnayı altın rengi oluncaya kadar karıştırarak yaklaşık 2 dakika soteleyin.
ç) Kaynayan et suyu karışımını makarnanın üzerine dökün ve 5 dakika pişirin.
d) Kabuklu deniz hayvanlarını ve enginar kalplerini makarnanın içine yerleştirin ve üstü açık olarak fırının ortasında, sıvı şurup kıvamına gelinceye kadar (makarna yumuşak ama üst kısmı gevrek olmalıdır) yaklaşık 20 dakika pişirin.
e) Makarnayı kıyılmış frenk soğanı serpin.

47. Tavuk ve Chorizo Makarna Paella

İÇİNDEKİLER:
- 8 ons penne makarna
- 1 pound tavuk göğsü, doğranmış
- ½ kiloluk chorizo, dilimlenmiş
- 1 soğan, ince doğranmış
- 2 diş sarımsak, kıyılmış
- 1 kırmızı dolmalık biber, doğranmış
- 1 çay kaşığı füme kırmızı biber
- ½ çay kaşığı safran ipi (isteğe bağlı)
- 2 su bardağı tavuk suyu
- Tatmak için biber ve tuz
- Yemek pişirmek için zeytinyağı
- Garnitür için taze maydanoz

TALİMATLAR:
a) Penne makarnayı paket talimatlarına göre pişirin. Drenaj yapın ve bir kenara koyun.
b) Büyük bir tavada zeytinyağını orta ateşte ısıtın. Doğranmış tavuk ve chorizo'yu ekleyin. Kızarana kadar pişirin.
c) Soğanı, sarımsağı ve dolmalık biberi ekleyin. Sebzeler yumuşayıncaya kadar soteleyin.
ç) Füme kırmızı biber ve safran ipliklerini (kullanıyorsanız) karıştırın.
d) Tavuk suyunu dökün ve birkaç dakika kaynamaya bırakın.
e) Pişmiş makarnayı tavaya ekleyin ve iyice kaplanana kadar fırlatın.
f) Tatmak için tuz ve karabiber ekleyin. Servis yapmadan önce taze maydanozla süsleyin.

48. Sebzeli ve Mantarlı Makarna Paella

İÇİNDEKİLER:

- 8 ons fettuccine veya en sevdiğiniz makarna
- 1 bardak mantar, dilimlenmiş
- 1 kabak, doğranmış
- 1 kırmızı dolmalık biber, doğranmış
- 1 soğan, ince doğranmış
- 2 diş sarımsak, kıyılmış
- 1 çay kaşığı füme kırmızı biber
- ½ çay kaşığı safran ipi (isteğe bağlı)
- 2 su bardağı sebze suyu
- Tatmak için biber ve tuz
- Yemek pişirmek için zeytinyağı
- Garnitür için taze maydanoz

TALİMATLAR:

a) Fettuccini paketindeki talimatlara göre pişirin. Drenaj yapın ve bir kenara koyun.

b) Büyük bir tavada zeytinyağını orta ateşte ısıtın. Soğan, sarımsak, mantar, kabak ve biberi ekleyin. Sebzeler yumuşayıncaya kadar soteleyin.

c) Füme kırmızı biber ve safran ipliklerini (kullanıyorsanız) karıştırın.

ç) Sebze suyunu dökün ve birkaç dakika kaynamaya bırakın.

d) Pişmiş makarnayı tavaya ekleyin ve iyice birleşene kadar karıştırın.

e) Tatmak için tuz ve karabiber ekleyin. Servis yapmadan önce taze maydanozla süsleyin.

49. Karides ve Chorizo Orzo Paella

İÇİNDEKİLER:
- 8 ons orzo makarna
- 1 kiloluk büyük karides, soyulmuş ve ayrılmış
- ½ kiloluk chorizo, dilimlenmiş
- 1 soğan, ince doğranmış
- 2 diş sarımsak, kıyılmış
- 1 kırmızı dolmalık biber, doğranmış
- 1 çay kaşığı füme kırmızı biber
- ½ çay kaşığı safran ipi (isteğe bağlı)
- 2 su bardağı tavuk suyu
- Tatmak için biber ve tuz
- Yemek pişirmek için zeytinyağı
- Garnitür için taze maydanoz

TALİMATLAR:
a) Orzo makarnasını paket talimatlarına göre pişirin. Drenaj yapın ve bir kenara koyun.
b) Büyük bir tavada zeytinyağını orta ateşte ısıtın. Chorizo ekleyin ve kızarana kadar pişirin.
c) Soğanı, sarımsağı ve dolmalık biberi ekleyin. Sebzeler yumuşayıncaya kadar soteleyin.
ç) Füme kırmızı biber ve safran ipliklerini (kullanıyorsanız) karıştırın.
d) Tavaya karidesleri ekleyip pembeleşene kadar pişirin.
e) Tavuk suyunu dökün ve birkaç dakika kaynamaya bırakın.
f) Pişmiş orzo makarnayı ekleyin ve iyice kaplanana kadar fırlatın. Tuz ve karabiberle tatlandırın.
g) Servis yapmadan önce taze maydanozla süsleyin.

50. Tavuklu ve Yeşil Fasulyeli Makarna Paella

İÇİNDEKİLER:
- 8 ons linguine veya Conchiglie
- 1 pound kemiksiz, derisiz tavuk budu, doğranmış
- 1 soğan, ince doğranmış
- 2 diş sarımsak, kıyılmış
- 1 su bardağı kiraz domates, ikiye bölünmüş
- 1 su bardağı yeşil fasulye, doğranmış
- ½ çay kaşığı safran ipi
- 2 su bardağı tavuk suyu
- Tatmak için biber ve tuz
- Yemek pişirmek için zeytinyağı
- Garnitür için taze fesleğen

TALİMATLAR:
a) Linguine'yi paket talimatlarına göre pişirin. Drenaj yapın ve bir kenara koyun.
b) Büyük bir tavada zeytinyağını orta ateşte ısıtın. Soğan ve sarımsak ekleyin. Yumuşayıncaya kadar soteleyin.
c) Küp küp doğranmış tavukları ekleyip rengi dönene kadar pişirin.
ç) Kiraz domatesleri ve yeşil fasulyeleri karıştırın.
d) Tavuk suyuna safran ipliklerini ekleyin ve karışımı tavaya dökün. Birkaç dakika kaynatın.
e) Pişmiş linguini ekleyin ve iyice birleşene kadar karıştırın. Tuz ve karabiberle tatlandırın.
f) Servis yapmadan önce taze fesleğen ile süsleyin.

51. Ispanaklı ve Enginarlı Penne Paella

İÇİNDEKİLER:
- 8 ons penne makarna
- 1 kutu enginar kalbi, suyu süzülmüş ve doğranmış
- 2 su bardağı taze ıspanak
- 1 soğan, ince doğranmış
- 2 diş sarımsak, kıyılmış
- 1 kırmızı dolmalık biber, doğranmış
- 1 çay kaşığı füme kırmızı biber
- ½ çay kaşığı safran ipi (isteğe bağlı)
- 2 su bardağı sebze suyu
- Tatmak için biber ve tuz
- Yemek pişirmek için zeytinyağı
- Süslemek için rendelenmiş parmesan peyniri

TALİMATLAR:
a) Penne makarnayı paket talimatlarına göre pişirin. Drenaj yapın ve bir kenara koyun.
b) Büyük bir tavada zeytinyağını orta ateşte ısıtın. Soğanı, sarımsağı ve dolmalık biberi ekleyin. Sebzeler yumuşayıncaya kadar soteleyin.
c) Füme kırmızı biber ve safran ipliklerini (kullanıyorsanız) karıştırın.
ç) Enginar kalplerini ve taze ıspanakları tavaya ekleyin. Ispanaklar suyunu çekene kadar pişirin.
d) Sebze suyunu dökün ve birkaç dakika kaynamaya bırakın.
e) Pişmiş penne makarnayı ekleyin ve iyice kaplanana kadar fırlatın. Tuz ve karabiberle tatlandırın.
f) Servis yapmadan önce rendelenmiş Parmesan peyniri ile süsleyin.

52. Orzolu Sebzeli Paella

İÇİNDEKİLER:
- 1 bardak orzo makarna
- 1 soğan, ince doğranmış
- 3 diş sarımsak, kıyılmış
- 1 kabak, doğranmış
- 1 kırmızı dolmalık biber, dilimlenmiş
- 1 su bardağı kiraz domates, ikiye bölünmüş
- 4 su bardağı sebze suyu
- 1 çay kaşığı füme kırmızı biber
- Bir tutam safran ipliği
- Tatmak için biber ve tuz
- 1/4 su bardağı zeytinyağı

TALİMATLAR:
a) Paella tavasında zeytinyağını orta ateşte ısıtın. Doğranmış soğan ve sarımsağı ekleyin; yumuşayana kadar soteleyin.
b) Orzo makarnayı ekleyin ve hafifçe kızarana kadar pişirin.
c) Doğranmış kabakları, dilimlenmiş kırmızı dolmalık biberi ve ikiye bölünmüş kiraz domatesleri karıştırın.
ç) Sebze suyunu ve safran ipliklerini dökün. Füme kırmızı biber, tuz ve karabiber ile tatlandırın.
d) Orzo yumuşayana ve sebzelerin ve et suyunun aromasını emene kadar pişirin.
e) Tavayı kapatın ve servis yapmadan önce birkaç dakika dinlendirin.

53. Sosis ve Mantarlı Orzo Paella

İÇİNDEKİLER:
- 1 bardak orzo makarna
- 1/2 poundluk İtalyan sosisi, kasası çıkarılmış ve ufalanmış
- 1 soğan, ince doğranmış
- 3 diş sarımsak, kıyılmış
- 1 bardak mantar, dilimlenmiş
- 1 kırmızı dolmalık biber, doğranmış
- 4 su bardağı tavuk veya sebze suyu
- 1 çay kaşığı kurutulmuş kekik
- Tatmak için biber ve tuz
- 1/4 su bardağı zeytinyağı

TALİMATLAR:
a) Paella tavasında zeytinyağını orta ateşte ısıtın. Doğranmış soğan ve sarımsağı ekleyin; yumuşayana kadar soteleyin.
b) Ufalanmış İtalyan sosisini ekleyin ve kızarana kadar pişirin.
c) Orzo makarnayı karıştırın, yağa bulayın ve sosisle karıştırın.
ç) Dilimlenmiş mantarları ve doğranmış kırmızı dolmalık biberi ekleyin. Tavuk veya sebze suyuna dökün.
d) Kurutulmuş kekik, tuz ve karabiberle tatlandırın.
e) Orzo yumuşayana ve sosis ve sebzelerin lezzetini emene kadar pişirin.
f) Tavayı kapatın ve servis yapmadan önce birkaç dakika dinlendirin.

54. Karides ve Kuşkonmaz Orzo Paella

İÇİNDEKİLER:
- 1 bardak orzo makarna
- 1/2 kiloluk karides, soyulmuş ve ayrılmış
- 1 soğan, ince doğranmış
- 3 diş sarımsak, kıyılmış
- 1 demet kuşkonmaz, ayıklanmış ve parçalara ayrılmış
- 1 su bardağı kiraz domates, ikiye bölünmüş
- 4 su bardağı tavuk veya sebze suyu
- 1 çay kaşığı limon kabuğu rendesi
- Tatmak için biber ve tuz
- 1/4 su bardağı zeytinyağı

TALİMATLAR:
a) Paella tavasında zeytinyağını orta ateşte ısıtın. Doğranmış soğan ve sarımsağı ekleyin; yumuşayana kadar soteleyin.
b) Orzo makarnayı ekleyin ve hafifçe kızarana kadar pişirin.
c) Karidesleri, ikiye bölünmüş kiraz domatesleri ve kuşkonmaz parçalarını karıştırın.
ç) Tavuk veya sebze suyuna dökün. Limon kabuğu rendesi, tuz ve karabiberle tatlandırın.
d) Orzo yumuşayana ve karidesler pişene kadar pişirin.
e) Tavayı kapatın ve servis yapmadan önce birkaç dakika dinlendirin.

ETLİ PAELLA

55. Yeşil Domatesli ve Pastırmalı Paella

İÇİNDEKİLER:
- 6 ons pastırma, ¼ inçlik şeritler halinde kesilmiş
- 1 su bardağı doğranmış soğan
- 1 bardak yeşil biber, ½ inçlik zarlar halinde kesilmiş
- 2 diş sarımsak, soyulmuş, kıyılmış ve ezilmiş
- 1 jalapeno biber, çekirdeği çıkarılmış ve kıyılmış
- 2 su bardağı uzun taneli pirinç (pişmemiş)
- 2 su bardağı çekirdekleri çıkarılmış ve iri doğranmış yeşil domates
- 4 su bardağı tavuk suyu
- 1 çay kaşığı tuz
- ¼ çay kaşığı taze çekilmiş karabiber
- 1 yemek kaşığı kıyılmış kişniş
- 1 yemek kaşığı kıyılmış İtalyan maydanozu

TALİMATLAR:
a) Büyük, kalın tabanlı bir tavada veya paella tavasında pastırmayı kahverengileşinceye ve yağı serbest kalana kadar pişirin. Yağın 3 yemek kaşığı hariç hepsini atın.
b) Doğranmış soğanı, yeşil biberi, sarımsağı ve jalapeno'yu karıştırın. Sebzeler solana kadar orta ateşte 7 ila 8 dakika pişirin.
c) Pirinci karıştırın ve 1 dakika daha pişirin.
ç) Yeşil domatesleri, tavuk suyunu, tuzu ve karabiberi ekleyin. Karışımı kaynatın.
d) Tavayı kapatın, ısıyı çok düşük seviyeye getirin ve yaklaşık 20 dakika veya pirinç tüm sıvıyı emene kadar pişirin.
e) Paellayı çatalla kabartın ve kıyılmış kişniş ve İtalyan maydanozunu ekleyerek karıştırın.
f) Servis yapmadan önce üzerini örtün ve 5 dakika bekletin.

56. Pastırma ve Tavuklu Kimchi Paella

İÇİNDEKİLER:

- 1 bardak Arborio pirinci (veya paellaya uygun herhangi bir kısa taneli pirinç)
- 2 kemiksiz, derisiz tavuk göğsü, ısırık büyüklüğünde parçalar halinde kesilmiş
- 4-6 dilim pastırma, doğranmış
- 1 bardak kimchi, doğranmış
- 1 soğan, ince doğranmış
- 2 diş sarımsak, kıyılmış
- 1 kırmızı dolmalık biber, dilimlenmiş
- 1 su bardağı dondurulmuş bezelye
- 1 çay kaşığı kırmızı biber
- ½ çay kaşığı füme kırmızı biber (isteğe bağlı)
- ¼ çay kaşığı safran iplikleri (isteğe bağlı)
- 2 su bardağı tavuk suyu
- ½ bardak beyaz şarap
- Tatmak için tuz ve karabiber
- 2 yemek kaşığı zeytinyağı
- Garnitür için kıyılmış taze maydanoz

TALİMATLAR:

a) Safran ipliklerini 2 yemek kaşığı ılık suya batırıp bir kenara bırakarak başlayın. Bu, lezzetinin ve renginin ortaya çıkmasına yardımcı olacaktır.

b) Büyük, düz tabanlı bir tavada veya paella tavasında zeytinyağını orta-yüksek ateşte ısıtın. Kıyılmış pastırmayı ekleyin ve gevrek hale gelinceye kadar pişirin. Pastırmayı tavadan çıkarın ve bir kenara koyun, pastırma yağını tavada bırakın.

c) Tavuk parçalarını tuz, karabiber ve kırmızı biberle tatlandırın. Tavuğu da aynı tavaya ekleyin ve iyice kızarıp pişene kadar pişirin. Tavuğu tavadan çıkarın ve bir kenara koyun.

ç) Aynı tavaya doğranmış soğanı, sarımsağı ve dilimlenmiş kırmızı dolmalık biberi ekleyin. Soğanlar yarı saydam hale gelinceye ve biber yumuşayana kadar soteleyin.

d) Arborio pirincini tavaya ekleyin ve birkaç dakika karıştırarak pirincin hafifçe kızarmasını sağlayın.

e) Beyaz şarabı dökün ve büyük kısmı pirinç tarafından emilinceye kadar pişirin.

f) Kıyılmış kimchiyi ve pişmiş pastırmayı tavaya ekleyin ve her şeyi karıştırın.

g) Safran ipliklerini ıslatma sıvısı, füme kırmızı biber (kullanılıyorsa) ve 1 bardak tavuk suyuyla birlikte ekleyin. İyice karıştırın.

ğ) Paellayı orta ateşte pişirmeye devam edin, gerektiği kadar tavuk suyu ekleyin ve ara sıra karıştırın. Pirinç sıvıyı emmeli ve kremsi hale gelmeli, aynı zamanda hafif bir kıvamda olmalıdır (al dente). Bu yaklaşık 15-20 dakika sürmelidir.

h) Pişirmenin son birkaç dakikasında dondurulmuş bezelyeleri ve pişmiş tavuğu tekrar tavaya ekleyin. Bezelye iyice ısınana kadar karıştırın.

ı) Paellanın tadına bakın ve baharatı gerektiği gibi tuz ve karabiberle ayarlayın.

i) Pirinç tamamen piştikten ve sıvının büyük kısmı emildikten sonra paellayı ocaktan alın ve servis yapmadan önce birkaç dakika dinlendirin.

j) Kıyılmış taze maydanozla süsleyin ve Pastırma ve Kimchi Paella'nızı Tavuklu sıcak olarak servis edin.

57. Sığır Eti ve Deniz Ürünlü Paella

İÇİNDEKİLER:
- 2 su bardağı paella pirinci
- 4 su bardağı et suyu
- 1 kiloluk sığır filetosu, ince dilimlenmiş
- ½ pound karides, soyulmuş ve ayrılmış
- Yarım kilo midye, temizlenmiş
- 1 soğan, ince doğranmış
- 3 diş sarımsak, kıyılmış
- 1 kırmızı dolmalık biber, dilimlenmiş
- 1 domates, doğranmış
- 1 çay kaşığı füme kırmızı biber
- ½ çay kaşığı safran ipi
- Tatmak için biber ve tuz
- Yemek pişirmek için zeytinyağı
- Garnitür için taze maydanoz
- Servis için limon dilimleri

TALİMATLAR:
a) Küçük bir kapta safran ipliklerini birkaç yemek kaşığı ılık suyla birleştirin. Dik olsun.
b) Sığır dilimlerini tuz ve karabiberle tatlandırın. Büyük bir paella tavasında zeytinyağını orta-yüksek ateşte ısıtın. Sığır eti kızarana kadar kızartın.
c) Soğanı, sarımsağı ve kırmızı biberi ekleyin. Sebzeler yumuşayana kadar pişirin.
ç) Doğranmış domatesleri, füme kırmızı biberi ve safran karışımını ilave edin. Birkaç dakika pişirin.
d) Pirinci tavanın üzerine eşit şekilde yayın ve et suyunun içine dökün.
e) Pirinç pişene ve sıvıyı çekene kadar hiç karıştırmadan pişmeye bırakın.
f) Karides ve midyeleri pirincin üzerine dizip, deniz ürünleri pişene kadar pişirin.
g) Taze maydanozla süsleyip limon dilimleriyle servis yapın.

58. Domuz eti ve Chorizo Paella

İÇİNDEKİLER:

- 2 su bardağı Arborio pirinci
- 4 su bardağı tavuk suyu
- 1 kiloluk domuz filetosu, ısırık büyüklüğünde parçalar halinde kesilmiş
- ½ kiloluk chorizo sosis, dilimlenmiş
- 1 soğan, ince doğranmış
- 3 diş sarımsak, kıyılmış
- 1 kırmızı dolmalık biber, dilimlenmiş
- 1 domates, doğranmış
- 1 çay kaşığı füme kırmızı biber
- ½ çay kaşığı safran ipi
- Tatmak için biber ve tuz
- Yemek pişirmek için zeytinyağı
- Garnitür için taze maydanoz
- Servis için limon dilimleri

TALİMATLAR:

a) Küçük bir kapta safran ipliklerini birkaç yemek kaşığı ılık suyla birleştirin. Dik olsun.
b) Domuz parçalarını tuz ve karabiberle tatlandırın. Büyük bir paella tavasında zeytinyağını orta-yüksek ateşte ısıtın. Domuz etinin her tarafını kızartın.
c) Chorizo dilimlerini ekleyip yağları çıkana kadar soteleyin.
ç) Soğanı, sarımsağı ve kırmızı biberi ekleyip karıştırın. Sebzeler yumuşayana kadar pişirin.
d) Doğranmış domatesleri, füme kırmızı biberi ve safranlı karışımı ekleyin. Birkaç dakika pişirin.
e) Arborio pirincini tavanın üzerine eşit şekilde yayın ve tavuk suyunun içine dökün.
f) Pirinç pişene ve sıvıyı çekene kadar hiç karıştırmadan pişmeye bırakın.
g) Taze maydanozla süsleyip limon dilimleriyle servis yapın.

59. Kuzu ve Sebzeli Paella

İÇİNDEKİLER:

- 2 su bardağı kısa taneli pirinç
- 4 su bardağı sebze suyu
- 1 kiloluk kuzu omuzu, doğranmış
- 1 soğan, ince doğranmış
- 3 diş sarımsak, kıyılmış
- 1 kabak, dilimlenmiş
- 1 kırmızı dolmalık biber, doğranmış
- 1 su bardağı yeşil fasulye, doğranmış
- 1 çay kaşığı füme kırmızı biber
- ½ çay kaşığı safran ipi
- Tatmak için biber ve tuz
- Yemek pişirmek için zeytinyağı
- Süslemek için taze nane
- Servis için limon dilimleri

TALİMATLAR:

a) Küçük bir kapta safran ipliklerini birkaç yemek kaşığı ılık suyla birleştirin. Dik olsun.
b) Kuzuya tuz ve karabiber serpin. Büyük bir paella tavasında zeytinyağını orta-yüksek ateşte ısıtın. Kuzu etinin her tarafını kızartın.
c) Soğan, sarımsak, kırmızı dolmalık biber, kabak ve kiraz domatesleri ekleyin. Sebzeler yumuşayıncaya kadar soteleyin.
ç) Füme kırmızı biber ve safran karışımını karıştırın. Birkaç dakika pişirin.
d) Arborio pirincini tavanın üzerine eşit şekilde yayın ve kuzu veya dana et suyunun içine dökün.
e) Pirinç pişene ve sıvıyı çekene kadar hiç karıştırmadan pişmeye bırakın.
f) Taze nane ile süsleyip limon dilimleri ile servis yapın.

60. Hindi ve Deniz Ürünlü Paella

İÇİNDEKİLER:
- 2 su bardağı Valensiya pirinci
- 4 su bardağı hindi veya tavuk suyu
- 1 pound öğütülmüş hindi
- Yarım kilo kalamar, temizlenmiş ve dilimlenmiş
- ½ kiloluk istiridye
- 1 soğan, ince doğranmış
- 3 diş sarımsak, kıyılmış
- 1 kırmızı dolmalık biber, dilimlenmiş
- 1 domates, doğranmış
- 1 çay kaşığı füme kırmızı biber
- ½ çay kaşığı safran ipi
- Tatmak için biber ve tuz
- Yemek pişirmek için zeytinyağı
- Garnitür için taze maydanoz
- Servis için limon dilimleri

TALİMATLAR:
a) Küçük bir kapta safran ipliklerini birkaç yemek kaşığı ılık suyla birleştirin. Dik olsun.
b) Büyük bir paella tavasında zeytinyağını orta-yüksek ateşte ısıtın. Hindiyi kahverengileştirin.
c) Soğanı, sarımsağı, kırmızı biberi ve domatesi ekleyin. Sebzeler yumuşayana kadar soteleyin.
ç) Füme kırmızı biber ve safran karışımını karıştırın. Birkaç dakika pişirin.
d) Valencia pirincini tavanın üzerine eşit şekilde yayın ve hindi veya tavuk suyunun içine dökün.
e) Pirinç pişene ve sıvıyı çekene kadar hiç karıştırmadan pişmeye bırakın.
f) Kalamar ve istiridyeleri pirincin üzerine sıralayın ve deniz ürünleri pişene kadar pişirin.
g) Taze maydanozla süsleyip limon dilimleriyle servis yapın.

61. Domuz Eti ve Deniz Ürünlü Paella

İÇİNDEKİLER:

- 2 su bardağı Calasparra pirinci
- 1/2 kiloluk domuz bonfile, parçalar halinde kesilmiş
- 1/2 kiloluk karides, soyulmuş ve ayrılmış
- 1/2 kiloluk midye, temizlenmiş
- 1 soğan, ince doğranmış
- 3 diş sarımsak, kıyılmış
- 1 yeşil dolmalık biber, dilimlenmiş
- 1 su bardağı doğranmış domates
- 4 su bardağı tavuk veya et suyu
- 1 çay kaşığı tatlı kırmızı biber
- Bir tutam safran ipliği
- Tatmak için biber ve tuz
- 1/4 su bardağı zeytinyağı

TALİMATLAR:

a) Paella tavasında zeytinyağını orta ateşte ısıtın. Doğranmış soğan ve sarımsağı ekleyin; yumuşayana kadar soteleyin.
b) Domuz bonfile parçalarını ekleyin ve kızarana kadar pişirin.
c) Calasparra pirincini karıştırın, yağa bulayın ve domuz etiyle karıştırın.
ç) Doğranmış yeşil biber ve domatesleri ekleyin. Tavuk veya domuz suyuna dökün.
d) Tatlı kırmızı biber, safran iplikleri, tuz ve karabiberle tatlandırın.
e) Karidesleri ve midyeleri pirincin üzerine dizin ve pirinç neredeyse pişene kadar pişirin.
f) Tencerenin kapağını kapatıp pirinçler tamamen pişene kadar pişmeye bırakın.
g) Sıcak servis yapın.

62. Dana ve Mantarlı Paella

İÇİNDEKİLER:
- 2 su bardağı Calasparra pirinci
- 1 kiloluk sığır filetosu, ince dilimlenmiş
- 1 soğan, ince doğranmış
- 3 diş sarımsak, kıyılmış
- 1 su bardağı karışık mantar, dilimlenmiş
- 1 kırmızı dolmalık biber, doğranmış
- 4 su bardağı et veya sebze suyu
- 1 çay kaşığı füme kırmızı biber
- Bir tutam safran ipliği
- Tatmak için biber ve tuz
- 1/4 su bardağı zeytinyağı

TALİMATLAR:
a) Paella tavasında zeytinyağını orta ateşte ısıtın. Doğranmış soğan ve sarımsağı ekleyin; yumuşayana kadar soteleyin.
b) İnce dilimlenmiş dana bonfileyi ekleyip rengi dönene kadar pişirin.
c) Calasparra pirincini karıştırın, yağa bulayın ve sığır etiyle karıştırın.
ç) Dilimlenmiş karışık mantarları ve doğranmış kırmızı dolmalık biberi ekleyin. Sığır eti veya sebze suyuna dökün.
d) Füme kırmızı biber, safran iplikleri, tuz ve karabiberle tatlandırın.
e) Pirinç neredeyse hazır olana kadar pişirin. Tencerenin kapağını kapatıp pirinçler tamamen pişene kadar pişmeye bırakın.
f) Sıcak servis yapın.

63. Dana Eti ve Bezelyeli Paella

İÇİNDEKİLER:
- 2 su bardağı Calasparra pirinci
- 1 kiloluk sığır eti güveç, parçalar halinde kesilmiş
- 1 soğan, ince doğranmış
- 3 diş sarımsak, kıyılmış
- 1 su bardağı yeşil bezelye
- 1 sarı dolmalık biber, doğranmış
- 4 su bardağı et veya et suyu
- 1 çay kaşığı biberiye
- Bir tutam safran ipliği
- Tatmak için biber ve tuz
- 1/4 su bardağı zeytinyağı

TALİMATLAR:
a) Paella tavasında zeytinyağını orta ateşte ısıtın. Doğranmış soğan ve sarımsağı ekleyin; yumuşayana kadar soteleyin.
b) Pek çok parça ekleyin ve kızarana kadar pişirin.
c) Calasparra pirincini karıştırın, yağa bulayın ve örtüyle karıştırın.
ç) Yeşil bezelye ve doğranmış sarı dolmalık biberi ekleyin. Sığır eti veya et suyuna dökün.
d) Biberiye, safran iplikleri, tuz ve karabiberle tatlandırın.
e) Pirinç neredeyse hazır olana kadar pişirin. Tencerenin kapağını kapatıp pirinçler tamamen pişene kadar pişmeye bırakın.
f) Sıcak servis yapın.

64. Sığır eti ve brokoli paella

İÇİNDEKİLER:

- 2 su bardağı Arborio pirinci
- 1 kiloluk sığır filetosu, ince dilimlenmiş
- 1 soğan, ince doğranmış
- 3 diş sarımsak, kıyılmış
- 1 su bardağı brokoli çiçeği
- 1 kırmızı dolmalık biber, doğranmış
- 4 su bardağı et suyu
- 1 çay kaşığı soya sosu
- Bir tutam safran ipliği
- Tatmak için biber ve tuz
- 1/4 su bardağı zeytinyağı

TALİMATLAR:

a) Paella tavasında zeytinyağını orta ateşte ısıtın. Doğranmış soğan ve sarımsağı ekleyin; yumuşayana kadar soteleyin.
b) İnce dilimlenmiş dana bonfileyi ekleyip rengi dönene kadar pişirin.
c) Arborio pirincini karıştırın, yağa bulayın ve sığır etiyle karıştırın.
ç) Brokoli çiçeklerini ve doğranmış kırmızı dolmalık biberi ekleyin. Et suyuna dökün.
d) Soya sosu, safran iplikleri, tuz ve karabiberle tatlandırın.
e) Pirinç neredeyse hazır olana kadar pişirin. Tencerenin kapağını kapatıp pirinçler tamamen pişene kadar pişmeye bırakın.
f) Sıcak servis yapın.

VEJETERYEN PAELLA

65. Izgara Vejetaryen Paella

İÇİNDEKİLER:
IZGARA VEJETERYEN PAELLA İÇİN:
- Zeytinyağı (pişirmek için)
- 4 su bardağı Basmati pirinci
- 5 büyük arpacık soğan, kıyılmış
- 1 yemek kaşığı kıyılmış sarımsak
- 1 yemek kaşığı kıyılmış zencefil (tepeleme)
- Tatmak için tuz
- Tatmak için taze çekilmiş karabiber
- ½ yemek kaşığı zerdeçal
- 6 su bardağı sebze suyu
- 4 su bardağı ½ inçlik zarlarda karışık ızgara sebzeler (tırmık, kabak, patlıcan, kırmızı dolmalık biber, kırmızı soğan, rezene, zeytinyağı, tuz ve karabiberle ızgara)

Fesleğen-domates salatası için:
- 1 demet Tay fesleğeni (yaklaşık 2 bardak toplanmış yaprak)
- 3 adet aile yadigarı domates, jülyen doğranmış (mümkünse farklı tür ve renklerde)
- 1 kırmızı soğan, dilimlenmiş
- 1 jalapeno, kıyılmış
- ¼ bardak balzamik sirke
- 1 yemek kaşığı Çin siyah sirkesi
- ¼ fincan sızma zeytinyağı
- Tatmak için tuz
- Tatmak için taze çekilmiş karabiber

TALİMATLAR:
IZGARA VEJETERYEN PAELLA İÇİN:
a) Fırına dayanıklı bir tavada biraz zeytinyağını ısıtın ve Basmati pirincini, kıyılmış arpacık soğanını, sarımsağı ve zencefili 4 ila 6 dakika soteleyin.
b) tuz ve taze çekilmiş karabiber serpin. Zerdeçalı ekleyin ve 2 dakika daha karıştırın.
c) Sebze suyunun içine dökün ve karışık ızgara sebzeleri ekleyin. Baharat olup olmadığını kontrol edin.
ç) Tavayı kapatın ve önceden ısıtılmış 350 derece Fahrenheit (175°C) fırında 1 saat veya pirinç suyu tamamen emene kadar pişirin.
d) Paellayı çatalla kabartın ve baharatı tekrar kontrol edin.

Fesleğen-domates salatası için:
e) Bir kasede Tay fesleğen yapraklarını, julienlenmiş yadigarı domatesleri, dilimlenmiş kırmızı soğanı ve kıyılmış jalapeno'yu birleştirin.
f) Ayrı bir kapta balzamik sirkeyi, siyah Çin sirkesini ve sızma zeytinyağını birlikte çırpın. Tatlandırmak için tuz ve taze çekilmiş karabiber ile tatlandırın.
g) Sosu fesleğen-domates karışımının üzerine dökün ve birleştirmek için fırlatın. Tadını kontrol edin ve lahana salatasını oda sıcaklığında bir kenara koyun.

KAPLAMA İÇİN:
ğ) Izgara vejetaryen paellayı tavada servis edin ve üzerine fesleğen-domates salatası gezdirin.

66. Füme Tofu Paella

İÇİNDEKİLER:

- 1 paket Kazan Füme Tofu, 32 üçgene kesilmiş
- 5 yemek kaşığı Zeytinyağı
- 18 ons Karışık sebzeler, 1 inç/2 cm'lik parçalar halinde kesilmiş (tırmık, biber, tatlı mısır, brokoli, mantar)
- 5 ons Soğan, doğranmış
- 5 ons Havuç, 1 inç/2 cm'lik çubuklar halinde kesilmiş
- 2 çay kaşığı Sarımsak, ezilmiş
- ½ Hafif yeşil biber, ince doğranmış
- 1 ons Kahverengi pirinç
- 1 litre Beyaz şarap
- 1 pint Hafif sebze suyu, çift mukavemetli
- 5 ons Domates, soyulmuş ve doğranmış
- 3 ons çekirdekleri çıkarılmış siyah zeytin, dilimlenmiş
- 2 adet defne yaprağı
- 2 yemek kaşığı kıyılmış taze tarhun (veya 1 çay kaşığı/5ml kurutulmuş)
- 1 yemek kaşığı kıyılmış taze adaçayı
- 2 yemek kaşığı kıyılmış maydanoz
- Tuz ve karabiber
- 1 Limon, 8 dilime bölünmüş

TALİMATLAR:

a) Yapışmaz bir tavada füme tofuyu zeytinyağında orta ateşte açık kahverengi olana kadar kızartın. Tofuyu tavadan çıkarın.

b) Isıyı arttırın ve karışık sebzeleri aynı tavaya ekleyin. Hafifçe kızarana kadar pişirin. Sebzeleri tavadan çıkarın.

c) Soğanları ve havuçları aynı tavaya koyun. Yumuşayana kadar yavaşça pişirin. Sarımsak, kırmızı biber ve kahverengi pirinci ekleyin. 1 dakika pişirin.

ç) Beyaz şarabı, sebze suyunu, doğranmış domatesleri, zeytinleri ve defne yapraklarını ekleyin. Pirinç pişene kadar (yaklaşık 25 dakika) kapağı kapalı olarak pişirin. Gerekirse pişirme süresi boyunca daha fazla sıvı ekleyin.

D) Defne yapraklarını çıkarın. Tofuyu, sebzeleri ve taze otları ekleyin. Tuz, karabiber ve limon suyuyla tatlandırın. Limon dilimleriyle süsleyin.

67. Mantarlı ve Sebzeli Paella

İÇİNDEKİLER:
- 2 yemek kaşığı zeytinyağı
- 2 orta boy havuç, ¼ inç dilimler halinde kesilmiş
- 1 kereviz kaburgası, ¼ inçlik dilimler halinde kesilmiş
- 1 orta boy sarı soğan, doğranmış
- 1 orta boy kırmızı dolmalık biber, ½ inçlik zarlar halinde kesilmiş
- 3 diş sarımsak, doğranmış
- 8 ons yeşil fasulye, kesilmiş ve 1 inçlik parçalar halinde kesilmiş
- 1½ su bardağı pişmiş koyu kırmızı barbunya fasulyesi
- 14½ onsluk doğranmış domates konservesi, süzülmüş
- 2½ bardak sebze suyu, ev yapımı
- ½ çay kaşığı kurutulmuş mercanköşk
- ½ çay kaşığı ezilmiş kırmızı biber
- ½ çay kaşığı öğütülmüş rezene tohumu
- ¼ çay kaşığı safran veya zerdeçal
- ¾ bardak uzun taneli pirinç
- 2 su bardağı istiridye mantarı, hafifçe durulanıp kurulayın
- 14 onsluk enginar kalbi konservesi süzülmüş ve dörde bölünmüş

TALİMATLAR:
a) Büyük bir tencerede yağı orta ateşte ısıtın. Havuç, kereviz, soğan, dolmalık biber ve sarımsak ekleyin.
b) Kapağını kapatıp 10 dakika pişirin.
c) Yeşil fasulye, barbunya fasulyesi, domates, et suyu, tuz, kekik, ezilmiş kırmızı biber, rezene tohumu, safran ve pirinci ekleyin. Örtün ve 30 dakika pişirin.
ç) Mantarları ve enginar kalplerini karıştırın. Tadına bakın, baharatları ayarlayın, gerekirse daha fazla tuz ekleyin.
d) Kapağını kapatıp 15 dakika daha pişirin. Derhal servis yapın.

68. Mısırlı ve Biberli Paella

İÇİNDEKİLER:

- 1 yemek kaşığı Bitkisel yağ
- 1 Soğan, ince doğranmış
- 2 diş sarımsak, kıyılmış
- 1 su bardağı Kısa taneli pirinç
- ¼ çay kaşığı Zerdeçal
- 2 su bardağı Sıcak sebze suyu
- ¼ çay kaşığı Tuz
- ¼ çay kaşığı Öğütülmüş karabiber
- 1 Tatlı kırmızı biber
- 1 tatlı yeşil biber
- 2 Erik domates
- 1 ½ su bardağı Taze mısır taneleri
- Garnitür için doğranmış taze maydanoz

TALİMATLAR:

a) Büyük yapışmaz tavada veya paella tavasında bitkisel yağı orta ateşte ısıtın. Doğranmış soğanı, kıyılmış sarımsağı, pirinci ve zerdeçalı ekleyin. Yaklaşık 4 dakika veya soğan yumuşayana kadar soteleyin.

b) Sıcak sebze suyunu, tuzu ve karabiberi ekleyip karıştırın. Karışımı kaynatın, ardından ısıyı azaltın, kapağını kapatın ve 10 dakika pişmeye bırakın.

c) Pirinç kaynarken biberleri uzunlamasına ikiye bölüp çekirdeklerini ve zarlarını çıkararak hazırlayın. Daha sonra çapraz olarak ikiye bölün ve uzunlamasına şeritler halinde dilimleyin. Domateslerin kabuklarını soyup parçalara ayırın. Hazırlanan biberleri ve domatesleri tavaya karıştırın, kapağını kapatın ve 15 dakika daha veya pirinç neredeyse yumuşayana kadar pişirin.

ç) Taze mısır tanelerini tavaya ekleyin, kapağını kapatın ve yaklaşık 5 dakika veya sıvı buharlaşana kadar pişirmeye devam edin.

d) Servis yapmak için paellayı taze doğranmış maydanozla süsleyin. Bu yemeğin tadını çıtır bir rulo ve yanında çıtır marine edilmiş bir salata ile çıkarın.

69. Brokoli, Kabak ve Kuşkonmaz Paella

İÇİNDEKİLER:

- 5 su bardağı sebze suyu
- ¼ bardak zeytinyağı
- 1 domates, doğranmış
- 1 küçük soğan, doğranmış
- 2 yemek kaşığı kıyılmış sarımsak
- Bir tutam safran ipliği
- 2 su bardağı Arborio pirinci
- ½ bardak mantar, dörde bölünmüş
- ½ bardak dilimlenmiş kuşkonmaz
- ½ su bardağı doğranmış kabak
- ½ su bardağı doğranmış sarı kabak
- ½ su bardağı doğranmış kırmızı dolmalık biber
- ¼ bardak brokoli çiçeği

TALİMATLAR:

a) Sebze suyunu kaynatın, ardından ısıyı kapatın.
b) Büyük bir tencerede zeytinyağını orta ateşte ısıtın. Doğranmış domatesi, soğanı ve kıyılmış sarımsağı ekleyin. Soğan yarı saydam hale gelinceye kadar soteleyin, bu yaklaşık 5 dakika sürecektir.
c) Safran ipliklerini karıştırın. Arborio pirincini ekleyin ve yağla kaplayacak şekilde karıştırın.
ç) Sıcak sebze suyunu, üzeri kaplanıncaya kadar pirincin üzerine dökün. Stok emilene kadar sürekli karıştırarak pişirin. Bu işlemi, stok bitene kadar veya pirinç hafif al dente dokuda pişene kadar tekrarlayın; bu genellikle yaklaşık 15-20 dakika sürer.
d) Mantarları, kuşkonmazı, kabakları, sarı kabakları, kırmızı dolmalık biberleri ve brokoliyi karıştırın.
e) Isıyı kapatın ve sebzeler iyice ısınana kadar tavanın kapağını kapatın.

70. Enginar ve Barbunya Paella

İÇİNDEKİLER:

- 1 yemek kaşığı Zeytinyağı veya Bitkisel yağ
- 1 orta boy soğan, ince doğranmış (yaklaşık ½ bardak)
- 2 diş sarımsak, ince doğranmış
- 1 kutu sebze suyu
- 1 su bardağı pişmemiş normal uzun taneli pirinç
- 1 su bardağı Dondurulmuş yeşil bezelye
- ½ çay kaşığı Öğütülmüş zerdeçal
- 2 damla kırmızı biber sosu
- 1 kutu koyu kırmızı barbunya fasulyesi, durulanmış ve süzülmüş
- 1 kavanoz (6 ons) Marine edilmiş enginar kalbi, süzülmüş

TALİMATLAR:

a) 12 inçlik bir tavada zeytinyağını veya bitkisel yağı orta-yüksek ateşte ısıtın. Doğranmış soğanı ve ince kıyılmış sarımsağı, çıtır çıtır hale gelinceye kadar sık sık karıştırarak yaklaşık 3 ila 4 dakika pişirin.

b) Sebze suyunu ve pirinci ekleyip karıştırın. Karışımı kaynatın, ardından ısıyı azaltın. Tencerenin kapağını kapatıp 15 dakika pişmeye bırakın.

c) Dondurulmuş yeşil bezelye, öğütülmüş zerdeçal, kırmızı biber sosu, koyu kırmızı barbunya fasulyesi (durulanmış ve süzülmüş) ve süzülmüş marine edilmiş enginar kalpleri dahil olmak üzere geri kalan malzemeleri karıştırın.

ç) Pirinç ve bezelye yumuşayana kadar ara sıra karıştırarak 5 ila 10 dakika daha kapağı açık pişirin.

71. Mantarlı ve Enginarlı Paella

İÇİNDEKİLER:
- 2 su bardağı Calasparra pirinci
- 1 soğan, ince doğranmış
- 3 diş sarımsak, kıyılmış
- 1 su bardağı karışık mantar, dilimlenmiş
- 1 bardak enginar kalbi, dörde bölünmüş
- 1 kırmızı dolmalık biber, doğranmış
- 4 su bardağı sebze suyu
- 1 çay kaşığı kekik
- Bir tutam safran ipliği
- Tatmak için biber ve tuz
- 1/4 su bardağı zeytinyağı

TALİMATLAR:
a) Paella tavasında zeytinyağını orta ateşte ısıtın. Doğranmış soğan ve sarımsağı ekleyin; yumuşayana kadar soteleyin.
b) Calasparra pirincini karıştırın, yağa bulayın ve soğan ve sarımsakla karıştırın.
c) Dilimlenmiş karışık mantarları, dörde bölünmüş enginar kalplerini ve doğranmış kırmızı dolmalık biberi ekleyin.
ç) Sebze suyunu ve safran ipliklerini dökün. Kekik, tuz ve karabiberle tatlandırın.
d) Pirinç neredeyse hazır olana kadar pişirin. Tencerenin kapağını kapatıp pirinçler tamamen pişene kadar pişmeye bırakın.
e) Sıcak servis yapın.

72. Ispanaklı ve Nohutlu Paella

İÇİNDEKİLER:
- 2 su bardağı Arborio pirinci
- 1 soğan, ince doğranmış
- 3 diş sarımsak, kıyılmış
- 2 su bardağı bebek ıspanak
- 1 kutu nohut, süzülmüş ve durulanmış
- 1 kırmızı dolmalık biber, dilimlenmiş
- 4 su bardağı sebze suyu
- 1 çay kaşığı füme kırmızı biber
- Bir tutam safran ipliği
- Tatmak için biber ve tuz
- 1/4 su bardağı zeytinyağı

TALİMATLAR:
a) Paella tavasında zeytinyağını orta ateşte ısıtın. Doğranmış soğan ve sarımsağı ekleyin; yumuşayana kadar soteleyin.
b) Arborio pirincini karıştırın, yağa bulayın ve soğan ve sarımsakla karıştırın.
c) Körpe ıspanağı, nohutu ve dilimlenmiş kırmızı dolmalık biberi ekleyin.
ç) Sebze suyunu ve safran ipliklerini dökün. Füme kırmızı biber, tuz ve karabiber ile tatlandırın.
d) Pirinç neredeyse hazır olana kadar pişirin. Tencerenin kapağını kapatıp pirinçler tamamen pişene kadar pişmeye bırakın.
e) Sıcak servis yapın.

73. Kuşkonmaz ve Domatesli Paella

İÇİNDEKİLER:

- 2 su bardağı Bomba pirinci
- 1 soğan, ince doğranmış
- 3 diş sarımsak, kıyılmış
- 1 demet kuşkonmaz, ayıklanmış ve parçalara bölünmüş
- 1 su bardağı kiraz domates, ikiye bölünmüş
- 1 sarı dolmalık biber, dilimlenmiş
- 4 su bardağı sebze suyu
- 1 çay kaşığı limon kabuğu rendesi
- Bir tutam safran ipliği
- Tatmak için biber ve tuz
- 1/4 su bardağı zeytinyağı

TALİMATLAR:

a) Paella tavasında zeytinyağını orta ateşte ısıtın. Doğranmış soğan ve sarımsağı ekleyin; yumuşayana kadar soteleyin.
b) Bomba pirincini karıştırın, yağa bulayın ve soğan ve sarımsakla karıştırın.
c) Kuşkonmaz parçalarını, ikiye bölünmüş kiraz domatesleri ve dilimlenmiş sarı dolmalık biberi ekleyin.
ç) Sebze suyunu ve safran ipliklerini dökün. Limon kabuğu rendesi, tuz ve karabiberle tatlandırın.
d) Pirinç neredeyse hazır olana kadar pişirin. Tencerenin kapağını kapatıp pirinçler tamamen pişene kadar pişmeye bırakın.
e) Sıcak servis yapın.

74. Patlıcanlı ve Zeytinli Paella

İÇİNDEKİLER:
- 2 su bardağı Calasparra pirinci
- 1 soğan, ince doğranmış
- 3 diş sarımsak, kıyılmış
- 1 patlıcan, doğranmış
- 1 su bardağı dilimlenmiş yeşil zeytin
- 1 kırmızı dolmalık biber, doğranmış
- 4 su bardağı sebze suyu
- 1 çay kaşığı füme kırmızı biber
- Bir tutam safran ipliği
- Tatmak için biber ve tuz
- 1/4 su bardağı zeytinyağı

TALİMATLAR:
a) Paella tavasında zeytinyağını orta ateşte ısıtın. Doğranmış soğan ve sarımsağı ekleyin; yumuşayana kadar soteleyin.
b) Calasparra pirincini karıştırın, yağa bulayın ve soğan ve sarımsakla karıştırın.
c) Küp doğranmış patlıcan, dilimlenmiş yeşil zeytin ve küp küp doğranmış kırmızı dolmalık biberi ekleyin.
ç) Sebze suyunu ve safran ipliklerini dökün. Füme kırmızı biber, tuz ve karabiber ile tatlandırın.
d) Pirinç neredeyse hazır olana kadar pişirin. Tencerenin kapağını kapatıp pirinçler tamamen pişene kadar pişmeye bırakın.
e) Sıcak servis yapın.

75. Brokoli ve Güneşte Kurutulmuş Domatesli Paella

İÇİNDEKİLER:

- 2 su bardağı Arborio pirinci
- 1 soğan, ince doğranmış
- 3 diş sarımsak, kıyılmış
- 1 brokoli başı, çiçekleri ayrılmış
- 1/2 bardak güneşte kurutulmuş domates, dilimlenmiş
- 1 sarı dolmalık biber, doğranmış
- 4 su bardağı sebze suyu
- 1 çay kaşığı kurutulmuş kekik
- Bir tutam safran ipliği
- Tatmak için biber ve tuz
- 1/4 su bardağı zeytinyağı

TALİMATLAR:

a) Paella tavasında zeytinyağını orta ateşte ısıtın. Doğranmış soğan ve sarımsağı ekleyin; yumuşayana kadar soteleyin.

b) Arborio pirincini karıştırın, yağa bulayın ve soğan ve sarımsakla karıştırın.

c) Brokoli çiçeklerini, dilimlenmiş güneşte kurutulmuş domatesleri ve doğranmış sarı dolmalık biberi ekleyin.

ç) Sebze suyunu ve safran ipliklerini dökün. Kurutulmuş kekik, tuz ve karabiberle tatlandırın.

d) Pirinç neredeyse hazır olana kadar pişirin. Tencerenin kapağını kapatıp pirinçler tamamen pişene kadar pişmeye bırakın.

e) Sıcak servis yapın.

76. Pırasa ve Mantarlı Paella

İÇİNDEKİLER:
- 2 su bardağı Bomba pirinci
- 2 sıradan adam, dilimlenmiş
- 3 diş sarımsak, kıyılmış
- 1 su bardağı karışık mantar, dilimlenmiş
- 1 kırmızı dolmalık biber, doğranmış
- 4 su bardağı sebze suyu
- 1 çay kaşığı kekik
- Bir tutam safran ipliği
- Tatmak için biber ve tuz
- 1/4 su bardağı zeytinyağı

TALİMATLAR:
a) Paella tavasında zeytinyağını orta ateşte ısıtın. Dilimlenmiş pırasa ve sarımsağı ekleyin; yumuşayana kadar soteleyin.
b) Bomba pirincini karıştırın, yağa bulayın ve pırasa ve sarımsakla karıştırın.
c) Dilimlenmiş mantarları, doğranmış kırmızı dolmalık biberi ve sebze suyunu ekleyin.
ç) Kekik, safran iplikleri, tuz ve karabiberle tatlandırın.
d) Pirinç neredeyse hazır olana kadar pişirin. Tencerenin kapağını kapatıp pirinçler tamamen pişene kadar pişmeye bırakın.
e) Sıcak servis yapın.

77. Balkabağı ve Narlı Paella

İÇİNDEKİLER:

- 2 su bardağı Calasparra pirinci
- 1 soğan, ince doğranmış
- 3 diş sarımsak, kıyılmış
- 1 balkabağı, doğranmış
- 1 nar çekirdeği
- 1 portakal dolmalık biber, dilimlenmiş
- 4 su bardağı sebze suyu
- 1 çay kaşığı tarçın
- Bir tutam safran ipliği
- Tatmak için biber ve tuz
- 1/4 su bardağı zeytinyağı

TALİMATLAR:

a) Paella tavasında zeytinyağını orta ateşte ısıtın. Doğranmış soğan ve sarımsağı ekleyin; yumuşayana kadar soteleyin.

b) Calasparra pirincini karıştırın, yağa bulayın ve soğan ve sarımsakla karıştırın.

c) Küp küp doğranmış balkabağı, nar taneleri ve dilimlenmiş portakal biberini ekleyin.

ç) Sebze suyunu ve safran ipliklerini dökün. Tarçın, tuz ve karabiberle tatlandırın.

d) Pirinç neredeyse hazır olana kadar pişirin. Tencerenin kapağını kapatıp pirinçler tamamen pişene kadar pişmeye bırakın.

e) Sıcak servis yapın.

78. Tatlı Patates ve Siyah Fasulyeli Paella

İÇİNDEKİLER:
- 2 su bardağı Bomba pirinci
- 1 soğan, ince doğranmış
- 3 diş sarımsak, kıyılmış
- 2 tatlı patates, doğranmış
- 1 kutu siyah fasulye, süzülmüş ve durulanmış
- 1 kırmızı dolmalık biber, dilimlenmiş
- 4 su bardağı sebze suyu
- 1 çay kaşığı öğütülmüş kimyon
- Bir tutam safran ipliği
- Tatmak için biber ve tuz
- 1/4 su bardağı zeytinyağı

TALİMATLAR:
a) Paella tavasında zeytinyağını orta ateşte ısıtın. Doğranmış soğan ve sarımsağı ekleyin; yumuşayana kadar soteleyin.
b) Bomba pirincini karıştırın, yağa bulayın ve soğan ve sarımsakla karıştırın.
c) Doğranmış tatlı patatesleri, siyah fasulyeyi ve dilimlenmiş kırmızı dolmalık biberi ekleyin.
ç) Sebze suyunu ve safran ipliklerini dökün. Öğütülmüş kimyon, tuz ve karabiberle tatlandırın.
d) Pirinç neredeyse hazır olana kadar pişirin. Tencerenin kapağını kapatıp pirinçler tamamen pişene kadar pişmeye bırakın.
e) Sıcak servis yapın.

BÖLGESEL FARKLILIKLAR

79. New Orleans Paella

İÇİNDEKİLER:
- 1 bütün tavuk (yaklaşık 3 pound), 12 parçaya bölünmüş
- 2 çay kaşığı tuz
- 2 çay kaşığı taze çekilmiş karabiber
- ½ su bardağı zeytinyağı
- 2 su bardağı doğranmış soğan
- 1 su bardağı doğranmış yeşil dolmalık biber
- 1 su bardağı doğranmış kereviz
- 6 yemek kaşığı kıyılmış sarımsak
- 3 yemek kaşığı kıyılmış arpacık soğanı
- 1 ½ su bardağı doğranmış andouille sosisi (yaklaşık 12 ons)
- 3 su bardağı pişmemiş uzun taneli beyaz pirinç
- 1 ½ su bardağı soyulmuş, çekirdeği çıkarılmış, doğranmış İtalyan domatesi
- 1 yemek kaşığı acı biber sosu
- 9 adet defne yaprağı
- 3 yemek kaşığı Emeril Özü (aşağıdaki nota bakın)
- ½ çay kaşığı safran ipi
- 6 su bardağı tavuk suyu
- 36 adet küçük boyunlu istiridye, temizlenmiş
- 36 midye, temizlenmiş ve sakalları alınmış
- 18 orta boy karides (yaklaşık ¾ pound), kabuklarında
- ¼ bardak kıyılmış maydanoz

PARMESANLI BİTKİ KRUTONLARI İÇİN:
- 4 dilim bayat beyaz ekmek (8x8x1)
- 1 su bardağı hazır mayonez
- 1 su bardağı rendelenmiş parmesan peyniri
- Kıyılmış taze otlar
- Tatmak için tuz
- Tatmak için taze çekilmiş karabiber

TALİMATLAR:

a) Tavuk parçalarını tuz ve karabiberle eşit şekilde serpin. Zeytinyağını büyük bir tencerede yüksek ateşte ısıtın. Tavuğu ekleyin ve her tarafını yaklaşık 4 dakika kızartın.
b) Soğanı, dolmalık biberi, kerevizi, sarımsağı, arpacık soğanı, sosisi ve pirinci ekleyin. 2 dakika karıştırarak kızartın.
c) Domates, acı biber sosu, defne yaprağı, Emeril Özü ve safranı karıştırın. 1 dakika kaynatın.
ç) Tavuk suyunu ekleyin, iyice karıştırın ve kaynatın. Isıyı azaltın, örtün ve 5 dakika pişirin.
d) İstiridyeleri ekleyin ve 5 dakika pişirin. Daha sonra midye ve karidesleri ekleyip kapağını kapatın ve 3 dakika pişirin. Tüm deniz tarağı ve midye kabuklarının açıldığından emin olun; kapalı kalan her şeyi atın.
e) Parmesanlı Otlu Krutonlar için: Fırını önceden 400 dereceye ısıtın. Ekmeği uzunlamasına ikiye bölerek 8 büyük üçgen oluşturun. Mayonez, Parmesan peyniri, otlar, tuz ve karabiberi birleştirin. Karışımı krutonların üzerine yayın ve fırında altın rengi olana kadar yaklaşık 3 ila 4 dakika pişirin.
f) Paellayı taze maydanozla süsleyin ve servis yapmadan önce üzerine krutonları yerleştirin.

80. Batı Hint Adaları Paella

İÇİNDEKİLER:
- 2½ pound tavuk, 12 parçaya bölünmüş (göğüsler 4 parçaya kesilmiş)
- ⅓ fincan İspanyol zeytinyağı
- 1 orta boy soğan, dilimlenmiş
- 2 diş sarımsak, ezilmiş
- 1 yeşil biber, 1 "parçalara kesilmiş
- ½ çay kaşığı tuz
- 1 su bardağı pişmemiş uzun taneli pirinç
- 1 su bardağı haşlanmış domates (veya konserve), doğranmış
- ¼ pound chorizo veya sarımsak aromalı sosis
- 1 kutu çiğ karides, kabuklu ve temizlenmiş (isteğe bağlı)
- 1 su bardağı tavuk suyu
- 1 bardak İspanyol şeri
- ¼ çay kaşığı İspanyol safranı (isteğe bağlı)
- 1 paket dondurulmuş yeşil bezelye veya dondurulmuş enginar kalbi (10 ons)
- 1 kutu midye (isteğe bağlı)

TALİMATLAR:
a) Tavuk parçalarını yıkayıp kurulayın. Geniş bir tavada ısıtılmış zeytinyağında her tarafı altın rengi oluncaya kadar kızartın. Tavuğu maşayla tavadan çıkarın ve bir kenara koyun.

b) Tavadaki damlamalara dilimlenmiş soğanı, ezilmiş sarımsağı, yeşil biberi ve tuzu ekleyin. Hafifçe kızarana kadar soteleyin. Safranı ve tuzu ekleyip sebzeler yumuşayana kadar pişirin.

c) Pirinci ekleyin ve yağla eşit şekilde kaplayacak şekilde karıştırın. Tavuğu tekrar tavaya alın.

ç) Domates parçalarını, chorizo'yu, tavuk suyunu, şeri ve karidesleri (kullanılıyorsa) ekleyin. Karışımı kaynatın, ardından ısıyı azaltın ve kapağı kapalı olarak ara sıra karıştırarak yaklaşık 20 dakika veya sıvının yarısı emilene kadar pişirin.

d) Dondurulmuş bezelye veya enginarları ekleyin ve yaklaşık 15 dakika daha uzun süre veya tüm malzemeler yumuşayana ve sıvının çoğu emilene kadar pişirin. Midye kullanıyorsanız biraz suda kabukları açılıncaya kadar buharda pişirip garnitür olarak kullanabilirsiniz.

81. Batı Afrika Jollof Pirinçli Paella

İÇİNDEKİLER:
- Tavuk (1 bütün tavuk veya isteğe göre)
- 6 orta boy soğan, doğranmış
- 6 adet yeşil biber, doğranmış
- Karides (istenilen miktar)
- ¾ su bardağı doğranmış havuç
- ¾ bardak çalı fasulyesi, parçalara ayrılmış
- ¾ bardak bezelye
- 6 domates, doğranmış
- 1 çay kaşığı tuz
- ½ çay kaşığı taze çekilmiş karabiber
- 1 çay kaşığı ezilmiş kekik veya 1 çay kaşığı kurutulmuş kekik
- 4 su bardağı pirinç (veya isteğe göre)
- ¼ bardak domates salçası (veya daha fazlası)
- kızartmalık yağ
- 1 ½ çay kaşığı acı biber

TALİMATLAR:
a) Tavuğun derisini soyun, kemiğini çıkarın ve 1 inç kare parçalar halinde doğrayın. Ağır bir tencerede veya büyük bir dökme demir tavada tavuğu yağda kızartın.

b) Doğranmış soğanları ve biberleri tencereye ekleyin. Orta ateşte 5 ila 10 dakika kadar pişirin.

c) Ayrı bir tavada karidesleri az miktarda yağda soteleyin. Havuçları, çalı fasulyelerini ve bezelyeleri (veya seçtiğiniz diğer sebzeleri) yaklaşık yarısı pişene kadar (yaklaşık 5 dakika sürecek şekilde) önceden pişirin. Önceden pişirilmiş sebzeleri boşaltın.

ç) Önceden pişirilmiş sebzeleri karides, doğranmış domates, tuz, karabiber ve kekikle birlikte tavuk tenceresine ekleyin. Isıyı en aza indirin ve 5 dakika pişirin.

d) Pirinci domates salçasıyla birleştirin ve salçanın pirinç tanelerini boğmadan kaplamasını sağlayın. Pirinç turuncu bir renk tonuna sahip olmalıdır; Fazla salça kırmızıya döner. Kaplanmış pirinci tencereye alıp kaynatmaya devam edin. Yanmayı önlemek için gerektiği kadar az miktarda su ekleyin.

e) Et, pirinç ve sebzeler yumuşayana kadar kaynatmaya devam edin. Jollof Pilavınız servise hazır.

82. Paella alla Valenciana

İÇİNDEKİLER:

- 8 su bardağı tavuk suyu
- ½ çay kaşığı safran
- ½ su bardağı sızma zeytinyağı
- 1 tavşan, 8 parçaya bölünmüş
- 8 tavuk budu
- 1 kiloluk chorizo, 8 parçaya bölünmüş
- 1 İspanyol soğanı, ½ inçlik parçalar halinde doğranmış
- 1 adet kırmızı dolmalık biber, yarım santimlik parçalar halinde doğranmış
- 1 adet yeşil dolmalık biber, yarım santimlik parçalar halinde doğranmış
- 10 diş sarımsak, ince dilimlenmiş
- 4 domates, yarım santimlik küpler halinde doğranmış, suyu ve çekirdekleri ayrılmış
- 3 yemek kaşığı İspanyol biberi
- ½ bardak bezelye, ayıklanmış
- ½ fincan Romano balmumu fasulyesi, 1 inç uzunluklarda kesilmiş
- 2 yenibahar kavrulmuş, ½ inçlik şeritler halinde kesilmiş
- 3 bardak kısa taneli İspanyol veya İtalyan Arborio pirinci
- 24 adet yeşil Valensiya zeytini

TALİMATLAR:

a) Safranlı tavuk suyunu kaynatın ve sıcak tutun.
b) Açık ateşe veya asma kupürlerine, sıcak bir ızgaraya veya ocakta iki brülöre 18 inç ila 22 inç paella tavası yerleştirin.
c) Tavaya yarım çay bardağı sıvı yağı ekleyip ısıtın. Tavşan parçalarını ve tavuğu baharatlayın, tavaya koyun, iyice kızartın ve sonra çıkarın.
ç) Chorizo, soğan, yeşil ve kırmızı biber, sarımsak, domates, kırmızı biber, bezelye, fasulye ve yenibahar ekleyin. Orta ateşte 4 ila 5 dakika karıştırın.
d) Pirinci ekleyin ve 3 ila 4 dakika karıştırın.
e) Tüm tavuk suyunu dökün ve tavşanı, tavuk parçalarını ve zeytinleri tavaya yerleştirin. Pirinç pişene ve sıvı emilene kadar karıştırmadan pişirin, bu yaklaşık 20 dakika sürer.

83. Meksika Usulü Paella

İÇİNDEKİLER:

- 1 bütün tavuk piliç, doğranmış
- 2 diş sarımsak
- ¼ bardak sıvı yağ
- 1 kiloluk çiğ karides
- 4 büyük domates, dilimlenmiş
- 1 kiloluk bezelye
- 12 adet enginar kalbi
- 1 ½ su bardağı kahverengi pirinç
- 6 tel safran
- 1 su bardağı doğranmış soğan
- 1 yeşil dolmalık biber, doğranmış
- 1 kırmızı dolmalık biber, doğranmış
- 1 çay kaşığı kırmızı biber
- 1 bardak beyaz şarap
- 2 bardak su

TALİMATLAR:

a) Tavuğu ve sarımsağı yağda kavurun. Kızardıktan sonra tavuk parçalarını büyük bir güveç kabına alın.
b) Güveç kabına karidesleri, dilimlenmiş domatesleri, bezelyeleri ve enginar kalplerini ekleyin.
c) Tavuğu kızartmak için kullanılan yağda kahverengi pirinci, safranı, doğranmış soğanı ve doğranmış yeşil ve kırmızı biberleri yaklaşık 7 dakika soteleyin.
ç) Sotelenmiş pirinç ve sebzeleri güveç kabına ekleyin. Malzemelerin üzerine pul biber serpin.
d) Beyaz şarap ve suya dökün.
e) Güveç kabını üstü açık olarak 350 Fahrenheit derecede yaklaşık 1 saat veya pirinç tamamen pişene kadar pişirin.

84. Kıyı İspanyol Paella

İÇİNDEKİLER:

- 1 paket İspanyol pirinç karışımı (6,8 ons)
- 1 kutu domates (14½ ons)
- 2 yemek kaşığı Zeytinyağı
- 4 bardak Sarı soğan, dilimler halinde kesilmiş
- 1 Yeşil dolmalık biber, dilimlenmiş
- 6 ons Karides, kabuklu ve pişmiş
- 8 diş sarımsak, kıyılmış
- 2 su bardağı bezelye, dondurulmuş
- 2 yemek kaşığı Limon suyu
- 1 Domates, dilimler halinde kesilmiş
- 16 Midye, kabuklu
- 16 İstiridye, kabuklu

TALİMATLAR:

a) Büyük bir tencerede, domatesli pirinç karışımını paketteki talimatlara göre hazırlayın, ancak tereyağı kullanmayı bırakın ve bunun yerine pirinç karışımını kızartmak için 1 yemek kaşığı zeytinyağı kullanın.

b) Ayrı bir tavada soğanı ve yeşil biberi kalan 1 yemek kaşığı zeytinyağında yumuşayana kadar soteleyin.

c) Pişmiş karidesleri ve kıyılmış sarımsakları tavaya ekleyin. Orta ateşte yaklaşık 3 dakika daha soteleyin.

ç) Dondurulmuş bezelye ve limon suyunu pirinç karışımına ekleyin. Bezelyeler iyice ısınana kadar pişirin.

d) Pirinci üstüne domates dilimleri ve isteğe bağlı kabuklu deniz ürünleri ile servis edin.

e) Kabuklu deniz hayvanlarını hazırlamak için midye ve istiridyeleri ½ bardak suyla birleştirin. Örtün ve kaynatın. 5 dakika veya kabuklar açılıncaya kadar pişirin.

f) Açılmayan kabuklu deniz hayvanlarını atın.

85. Pasifik Paella

İÇİNDEKİLER:
- 4 kemiksiz derisiz tavuk göğsü yarısı
- 1 çay kaşığı kırmızı biber
- 1 çay kaşığı tuz
- ¼ çay kaşığı karabiber
- ¾ pound hafif İtalyan sosisi
- 16 ons konserve domates, süzülmüş ve iri doğranmış (veya 20 güneşte kurutulmuş domates, yağda paketlenmiş, süzülmüş ve doğranmış)
- 2 kutu tavuk suyu
- ½ çay kaşığı zerdeçal
- ¼ çay kaşığı safran
- 2 su bardağı pirinç
- 1 büyük soğan, dilimler halinde kesilmiş
- 2 diş sarımsak, kıyılmış
- 1 pound orta boy karides, soyulmuş, ayrılmış ve pişirilmiş
- 1 yeşil biber, şeritler halinde kesilmiş
- 10 adet midye, temizlenmiş ve buharda pişirilmiş

TALİMATLAR:
a) Tavuk göğüslerini yarım santimlik şeritler halinde kesin. Küçük bir kapta kırmızı biber, tuz ve karabiberi birleştirin. Tavuğu ekleyin ve tüm baharatlar etin içine işleyene kadar karıştırın.
b) Sosisleri ¼ inçlik parçalar halinde kesin ve kasayı çıkarın.
c) Güneşte kurutulmuş domates kullanıyorsanız, domatesleri kağıt havluyla tamamen kurulayın. Tavuk suyuna 3-¾ su bardağı kadar su ekleyin. Bu karışımı 12 inçlik bir tavada kaynatın.
ç) Zerdeçal, safran, pirinç, soğan, sarımsak, tavuk, sosis ve domatesleri karıştırın.
d) Tavayı kapatın ve 20 dakika pişirin.
e) Tavayı ateşten alıp, pişmiş karides ve yeşil biberi ekleyip karıştırın. İstenirse üzerine midye konur.
f) Paella'nın tüm sıvı emilene kadar yaklaşık 5 dakika boyunca kapalı kalmasını sağlayın.

86. Katalanca Deniz ürünlü pilav

İÇİNDEKİLER:

- 1 su bardağı uzun taneli pirinç
- ¼ bardak zeytinyağı
- 4 tavuk parçası
- 1 soğan, dilimlenmiş
- 10 mililitre sarımsak, doğranmış
- ¼ pound pişmiş jambon, şeritler halinde kesilmiş
- Yarım kilo sert beyaz balık, büyük küpler halinde kesilmiş
- 12 adet büyük pişmemiş karides
- 1 kırmızı dolmalık biber, çekirdeği çıkarılmış, çekirdeği çıkarılmış ve doğranmış
- 2 konserve pimientos, suyu süzülmüş ve doğranmış
- 12 adet büyük midye
- 1 su bardağı pişmiş yeşil bezelye
- 1 küçük paket dondurulmuş bezelye, çözülmüş
- 2 yemek kaşığı sıcak suda 30 dakika bekletilmiş bir tutam safran
- 2 ½ su bardağı tavuk suyu
- Tatmak için biber ve tuz

TALİMATLAR:

Zeytinyağını paella tavasında veya büyük bir tavada ısıtın. Tavuğu ekleyin ve kızarana kadar yavaşça kızartın. Tavuk parçalarını çıkarın ve bir kenara koyun.

Tavaya dilimlenmiş soğanı ve doğranmış sarımsağı ekleyip soğan şeffaflaşana kadar kavurun. Daha sonra jambonu ve pirinci ekleyin ve pirinç de şeffaflaşana kadar karıştırarak kavurmaya devam edin. Ateşten alın.

Karidesleri soyun ve ayırın. Midyeleri akan suyun altında fırçalayın ve açık olanları atın.

Kırmızı biberi kaynar suda 1 dakika haşlayın.

Tavuk parçaları büyükse ikiye bölün. Balıkları, kırmızı biberi, tavuğu ve bezelyeyi tavadaki pirincin üzerine dizin. Midyeleri tavaya dizin ve üzerine karidesleri dizin.

Safranla demlenmiş sıvıyı tavuk suyuna ekleyin, ardından suyu tüm malzemelerin üzerine dökün. Tuz ve karabiberle tatlandırın.

Karışımı kaynatın, ardından ısıyı azaltın ve yaklaşık 20 dakika veya sıvı emilene ve tüm malzemeler pişene kadar kapağı açık şekilde yavaşça pişirin.

87. Portekiz Usulü Paella

İÇİNDEKİLER:
- 2 tavuk (her biri 2 pound), her biri 8 parçaya bölünmüş
- ½ su bardağı zeytinyağı
- 1 pound yağsız domuz eti, 1 inçlik parçalar halinde kesilmiş
- 2 su bardağı doğranmış soğan
- 2 diş sarımsak, ezilmiş
- ¼ çay kaşığı karabiber
- 1 çay kaşığı kekik
- 2 çay kaşığı tuz
- 2 su bardağı uzun taneli pirinç
- ½ çay kaşığı safran
- 1 pound İtalyan sosisi
- 2 orta boy domates, doğranmış
- 1 defne yaprağı
- 3 kutu (her biri 10 ¾ ons) yoğunlaştırılmış tavuk suyu
- 1 ½ pound büyük karides, kabuklu ve ayrılmış
- 1 paket (10 ons) dondurulmuş bezelye
- ½ kavanoz (4 ons) yenibahar
- 2 limon, 8 dilime bölünmüş

TALİMATLAR:

a) Tavuk parçalarını nemli bir kağıt havluyla silin. Büyük bir tavada zeytinyağını ısıtın ve tavuğu her seferinde yaklaşık 5 parça olacak şekilde altın rengi olana kadar kızartın. Kızaran tavukları çıkarıp bir kenara koyun.

b) Domuz eti küplerini tavaya ekleyin ve her tarafını iyice kızartın. Bunları çıkarın ve bir kenara koyun.

c) Tavadaki damlamalara doğranmış soğanı, ezilmiş sarımsağı, karabiberi ve kekiği ekleyin. Soğanlar altın rengine dönene kadar yaklaşık 5 dakika soteleyin.

ç) Tavaya tuz, pirinç ve safranı ekleyin. Yaklaşık 10 dakika karıştırarak pişirin.

d) Bu arada başka bir tavada sosislerin her tarafı kızartılır, bu yaklaşık 10 dakika sürecektir. Sosisleri boşaltın ve yağlarını atın. Sosisleri ısırık büyüklüğünde parçalar halinde kesin.

e) Kızartılmış tavuk, sosis ve domuz etini bir kızartma tavasına yerleştirin.

f) Fırınınızı 375 dereceye kadar önceden ısıtın.

g) Tavadaki pirinç karışımına doğranmış domatesleri, defne yaprağını ve yoğunlaştırılmış tavuk suyunu ekleyip kaynatın. Karidesleri ekleyin.

ğ) Pirinç karışımını kızartma tavasındaki tavuk, domuz eti ve sosislerin üzerine eşit şekilde dökün. Hafifçe folyo ile kaplanmış olarak 1 saat pişirin.

h) Bir saat sonra donmuş bezelyeleri karıştırmadan paellanın üzerine serpin. Karışım çok kuru görünüyorsa yarım bardak su ekleyebilirsiniz. 20 dakika daha pişirin.

ı) Servis yapmak için paellayı yuvarlak, ısıtılmış bir tabağa veya paella tavasına çevirin. Yenibahar ve limon dilimleriyle süsleyin.

88. Güneybatı Paella

İÇİNDEKİLER:

- 2 tavuk, servis parçalarına bölünmüş
- 2 çay kaşığı tuz
- 1 çay kaşığı kırmızı biber
- 1 su bardağı un
- 1 su bardağı sıvı yağ
- ½ bardak su
- 1 kiloluk jambon, ısırık büyüklüğünde parçalar halinde kesilmiş
- 1 orta boy soğan, doğranmış
- 1 bardak dolmalık biber, doğranmış
- 2 orta boy domates, dilimler halinde kesilmiş
- 4 yemek kaşığı bitkisel yağ
- 3 bardak pirinç, tercihen İtalyan
- 2 kutu (16 ons) bezelye, süzülmüş (meyve suyunu saklayın)
- Tavuk stoğu
- ½ çay kaşığı safran
- 2 çay kaşığı acı biber sosu
- Tuz
- 1 pound pişmiş karides, istiridye, midye veya tarak
- 2 ons kavanoz dilimlenmiş biber

TALİMATLAR:

a) Günün erken saatlerinde tavuğu tuz, kırmızı biber ve un karışımı içeren bir torba içinde sallayın.
b) Unlanmış tavuğu, her birine ¼ bardak yağ eklenmiş iki tavada iyice kızartın. Her tavaya ¼ bardak su ekleyin ve tavuğu 30 dakika pişirin.
c) Tavuğu çıkarın ve jambonu kalan yağda kızartın. Bir kenara koyun.
ç) Günün ilerleyen saatlerinde temiz bir tavada soğanı, dolmalık biberi ve domatesi 4 yemek kaşığı yağda soğan sarı oluncaya kadar soteleyin.
d) Soğan karışımını çıkarın ve pirinci kalan yağda kızartın, gerekirse daha fazla yağ ekleyin.
e) Pirinç kızardığında soğan karışımını, bezelye sıvısını ve tavuk suyunu veya suyu ekleyerek 6 bardak elde edin. Safranı, acı biber sosunu ve tuzu ekleyin.
f) Pirinci az pişmiş olana kadar pişirin.
g) Pirinci geniş, düz bir kaba koyun ve üzerine tavuk ve jambonu yerleştirin.
ğ) Kapağı kapatın ve 325°F fırında yaklaşık 30 dakika boyunca pirinci izleyerek pişirin.
h) Kapağı açın ve bezelyeyi, deniz ürünlerini ve biberi pirincin üzerine dağıtın. İyice ısıtın ve servis yapın.

89. Aragon Dağ Paella'sı

İÇİNDEKİLER:
- 2 su bardağı Bomba pirinci
- 1/2 kiloluk kuzu, parçalar halinde kesilmiş
- 1/2 kiloluk tavşan, parçalar halinde kesilmiş
- 1/2 kiloluk domuz sosisi, dilimlenmiş
- 1 soğan, ince doğranmış
- 1 kırmızı dolmalık biber, dilimlenmiş
- 1 domates, rendelenmiş
- 1/2 bardak yeşil fasulye, kesilmiş ve yarıya bölünmüş
- 1 çay kaşığı füme kırmızı biber
- 1/2 çay kaşığı safran iplikleri
- 4 su bardağı tavuk veya sebze suyu
- Tatmak için biber ve tuz
- 1/4 su bardağı zeytinyağı

TALİMATLAR:
a) Paella tavasında zeytinyağını orta ateşte ısıtın. Doğranmış soğanları ekleyip yumuşayıncaya kadar pişirin.
b) Kuzu, tavşan ve domuz sosisini ekleyin; her tarafı kahverengi.
c) Rendelenmiş domatesi ekleyip sofrito kıvamına gelinceye kadar pişirin.
ç) Bomba pirincini karıştırın, sofritoyla kaplayın.
d) Kırmızı dolmalık biber ve yeşil fasulyeyi ekleyin.
e) Pirincin üzerine füme kırmızı biber ve safran iplikleri serpin.
f) Tavuk veya sebze suyunu dökün ve tuz ve karabiberle tatlandırın.
g) Pirinç neredeyse hazır olana kadar pişirin. Tencerenin kapağını kapatıp pirinçler tamamen pişene kadar pişmeye bırakın.
ğ) Servis yapmadan önce paellanın birkaç dakika dinlenmesine izin verin.

90. Bask Deniz Ürünlü Paella (Marmitako)

İÇİNDEKİLER:

- 2 su bardağı Bomba pirinci
- 1 kiloluk ton balığı, parçalar halinde kesilmiş
- 1 soğan, ince doğranmış
- 2 diş sarımsak, kıyılmış
- 1 kırmızı dolmalık biber, dilimlenmiş
- 1 yeşil dolmalık biber, dilimlenmiş
- 4 bardak balık veya deniz ürünleri suyu
- 1/2 bardak kuru beyaz şarap
- 1/2 çay kaşığı Espelette biberi veya kırmızı biber
- 1 defne yaprağı
- Tatmak için biber ve tuz
- 1/4 su bardağı zeytinyağı

TALİMATLAR:

a) Paella tavasında zeytinyağını orta ateşte ısıtın. Doğranmış soğan ve sarımsağı ekleyin; yumuşayana kadar soteleyin.
b) Ton balığı parçalarını ekleyin ve her tarafı kızarana kadar pişirin.
c) Bomba pirincini karıştırın, yağa bulayın ve soğan, sarımsak ve ton balığıyla karıştırın.
ç) Dilimlenmiş kırmızı ve yeşil biberleri ekleyin.
d) Balık veya deniz ürünleri suyunu ve beyaz şarabı dökün. Espelette biberi veya kırmızı biber, defne yaprağı, tuz ve karabiberle tatlandırın.
e) Pirinç neredeyse hazır olana kadar pişirin. Tencerenin kapağını kapatıp pirinçler tamamen pişene kadar pişmeye bırakın.
f) Servis yapmadan önce paellanın birkaç dakika dinlenmesine izin verin.

91. Arroz a Banda - Alicante'den

İÇİNDEKİLER:

- 2 su bardağı Bomba pirinci
- 1 pound küçük mürekkep balığı veya kalamar, temizlenmiş ve dilimlenmiş
- 1 soğan, ince doğranmış
- 2 diş sarımsak, kıyılmış
- 1/2 su bardağı doğranmış domates
- 1/2 bardak kuru beyaz şarap
- 4 bardak balık veya deniz ürünleri suyu
- 1 çay kaşığı tatlı kırmızı biber
- Bir tutam safran ipliği
- Tatmak için biber ve tuz
- 1/4 su bardağı zeytinyağı

TALİMATLAR:

a) Paella tavasında zeytinyağını orta ateşte ısıtın. Doğranmış soğan ve sarımsağı ekleyin; yumuşayana kadar soteleyin.
b) Dilimlenmiş mürekkep balığı veya kalamar ekleyin ve renk almaya başlayıncaya kadar pişirin.
c) Bomba pirincini karıştırın, yağa bulayın ve soğan, sarımsak ve deniz ürünleriyle karıştırın.
ç) Doğranmış domatesleri ekleyin ve sofrito kıvamına gelinceye kadar pişirin.
d) Beyaz şarabın içine dökün ve azalmasına izin verin.
e) Balık veya deniz ürünleri suyu, tatlı kırmızı biber, safran iplikleri, tuz ve karabiber ekleyin.
f) Pirinç neredeyse hazır olana kadar pişirin. Tencerenin kapağını kapatıp pirinçler tamamen pişene kadar pişmeye bırakın.
g) Servis yapmadan önce paellanın birkaç dakika dinlenmesine izin verin.

92. Sefarad Deniz Ürünlü Paella (Arroz de Pesaj)

İÇİNDEKİLER:
- 2 su bardağı Bomba pirinci
- 1/2 kiloluk halibut veya morina, parçalar halinde kesilmiş
- 1/2 kiloluk karides, soyulmuş ve ayrılmış
- 1/2 kiloluk kalamar, temizlenmiş ve dilimlenmiş
- 1 soğan, ince doğranmış
- 2 adet rendelenmiş domates
- 4 bardak balık veya deniz ürünleri suyu
- 1/2 bardak kuru beyaz şarap
- 1/2 çay kaşığı öğütülmüş kimyon
- Bir tutam safran ipliği
- Tatmak için biber ve tuz
- 1/4 su bardağı zeytinyağı

TALİMATLAR:
a) Paella tavasında zeytinyağını orta ateşte ısıtın. Doğranmış soğanları ekleyip yumuşayıncaya kadar pişirin.
b) Halibut veya morina parçalarını, karidesleri ve dilimlenmiş kalamarları ekleyin; Deniz ürünleri renk almaya başlayıncaya kadar pişirin.
c) Bomba pirincini karıştırın, yağa bulayın ve soğan ve deniz ürünleriyle karıştırın.
ç) Rendelenmiş domatesleri ekleyip sofrito kıvamına gelinceye kadar pişirin.
d) Beyaz şarabın içine dökün ve azalmasına izin verin.
e) Balık veya deniz ürünleri suyu, öğütülmüş kimyon, safran iplikleri, tuz ve karabiber ekleyin.
f) Pirinç neredeyse hazır olana kadar pişirin. Tencerenin kapağını kapatıp pirinçler tamamen pişene kadar pişmeye bırakın.
g) Servis yapmadan önce paellanın birkaç dakika dinlenmesine izin verin.

MEYVELİ PAELLA

93. Mango ve Kajulu Paella

İÇİNDEKİLER:
- 2 su bardağı Bomba pirinci
- 1 soğan, ince doğranmış
- 3 diş sarımsak, kıyılmış
- 1 olgun mango, doğranmış
- 1 su bardağı kaju
- 1 kırmızı dolmalık biber, dilimlenmiş
- 4 su bardağı sebze suyu
- 1 çay kaşığı köri tozu
- Bir tutam safran ipliği
- Tatmak için biber ve tuz
- 1/4 su bardağı zeytinyağı

TALİMATLAR:
a) Paella tavasında zeytinyağını orta ateşte ısıtın. Doğranmış soğan ve sarımsağı ekleyin; yumuşayana kadar soteleyin.
b) Bomba pirincini karıştırın, yağa bulayın ve soğan ve sarımsakla karıştırın.
c) Doğranmış mango, kaju fıstığı ve dilimlenmiş kırmızı dolmalık biberi ekleyin.
ç) Sebze suyunu ve safran ipliklerini dökün. Köri tozu, tuz ve karabiberle tatlandırın.
d) Pirinç neredeyse hazır olana kadar pişirin. Tencerenin kapağını kapatıp pirinçler tamamen pişene kadar pişmeye bırakın.
e) Sıcak servis yapın.

94. Ananaslı ve Hindistan Cevizli Paella

İÇİNDEKİLER:

- 2 su bardağı Calasparra pirinci
- 1 soğan, ince doğranmış
- 3 diş sarımsak, kıyılmış
- 1 bardak ananas parçaları
- 1 bardak hindistan cevizi sütü
- 1 kırmızı dolmalık biber, doğranmış
- 4 su bardağı sebze suyu
- 1 çay kaşığı zerdeçal
- Bir tutam safran ipliği
- Tatmak için biber ve tuz
- 1/4 su bardağı zeytinyağı

TALİMATLAR:

a) Paella tavasında zeytinyağını orta ateşte ısıtın. Doğranmış soğan ve sarımsağı ekleyin; yumuşayana kadar soteleyin.

b) Calasparra pirincini karıştırın, yağa bulayın ve soğan ve sarımsakla karıştırın.

c) Ananas parçalarını, hindistancevizi sütünü ve doğranmış kırmızı dolmalık biberi ekleyin.

ç) Sebze suyunu ve safran ipliklerini dökün. Zerdeçal, tuz ve karabiber ile tatlandırın.

d) Pirinç neredeyse hazır olana kadar pişirin. Tencerenin kapağını kapatıp pirinçler tamamen pişene kadar pişmeye bırakın.

e) Sıcak servis yapın.

95. Portakallı ve Bademli Paella

İÇİNDEKİLER:

- 2 su bardağı Arborio pirinci
- 1 soğan, ince doğranmış
- 3 diş sarımsak, kıyılmış
- 2 portakalın kabuğu rendesi ve suyu
- 1 su bardağı dilimlenmiş badem
- 1 portakal dolmalık biber, dilimlenmiş
- 4 su bardağı sebze suyu
- 1 çay kaşığı öğütülmüş kişniş
- Bir tutam safran ipliği
- Tatmak için biber ve tuz
- 1/4 su bardağı zeytinyağı

TALİMATLAR:

a) Paella tavasında zeytinyağını orta ateşte ısıtın. Doğranmış soğan ve sarımsağı ekleyin; yumuşayana kadar soteleyin.
b) Arborio pirincini karıştırın, yağa bulayın ve soğan ve sarımsakla karıştırın.
c) Portakal kabuğu rendesini, portakal suyunu, dilimlenmiş bademleri ve dilimlenmiş portakal dolmalık biberi ekleyin.
ç) Sebze suyunu ve safran ipliklerini dökün. Öğütülmüş kişniş, tuz ve karabiber ile tatlandırın.
d) Pirinç neredeyse hazır olana kadar pişirin. Tencerenin kapağını kapatıp pirinçler tamamen pişene kadar pişmeye bırakın.
e) Sıcak servis yapın.

96. Elmalı ve Üzümlü Paella

İÇİNDEKİLER:
- 2 su bardağı Bomba pirinci
- 1 soğan, ince doğranmış
- 3 diş sarımsak, kıyılmış
- 2 elma, doğranmış
- 1/2 bardak kuru üzüm
- 1 sarı dolmalık biber, doğranmış
- 4 su bardağı sebze suyu
- 1 çay kaşığı tarçın
- Bir tutam safran ipliği
- Tatmak için biber ve tuz
- 1/4 su bardağı zeytinyağı

TALİMATLAR:
a) Paella tavasında zeytinyağını orta ateşte ısıtın. Doğranmış soğan ve sarımsağı ekleyin; yumuşayana kadar soteleyin.
b) Bomba pirincini karıştırın, yağa bulayın ve soğan ve sarımsakla karıştırın.
c) Doğranmış elmaları, kuru üzümleri ve doğranmış sarı dolmalık biberi ekleyin.
ç) Sebze suyunu ve safran ipliklerini dökün. Tarçın, tuz ve karabiberle tatlandırın.
d) Pirinç neredeyse hazır olana kadar pişirin. Tencerenin kapağını kapatıp pirinçler tamamen pişene kadar pişmeye bırakın.
e) Sıcak servis yapın.

97. İncirli Cevizli Paella

İÇİNDEKİLER:

- 2 su bardağı Calasparra pirinci
- 1 soğan, ince doğranmış
- 3 diş sarımsak, kıyılmış
- 1 su bardağı taze incir, dörde bölünmüş
- 1/2 su bardağı ceviz, kıyılmış
- 1 kırmızı dolmalık biber, dilimlenmiş
- 4 su bardağı sebze suyu
- 1 çay kaşığı kurutulmuş kekik
- Bir tutam safran ipliği
- Tatmak için biber ve tuz
- 1/4 su bardağı zeytinyağı

TALİMATLAR:

a) Paella tavasında zeytinyağını orta ateşte ısıtın. Doğranmış soğan ve sarımsağı ekleyin; yumuşayana kadar soteleyin.

b) Calasparra pirincini karıştırın, yağa bulayın ve soğan ve sarımsakla karıştırın.

c) Dörde bölünmüş taze incir, doğranmış ceviz ve dilimlenmiş kırmızı biberi ekleyin.

ç) Sebze suyunu ve safran ipliklerini dökün. Kurutulmuş kekik, tuz ve karabiberle tatlandırın.

d) Pirinç neredeyse hazır olana kadar pişirin. Tencerenin kapağını kapatıp pirinçler tamamen pişene kadar pişmeye bırakın.

e) Sıcak servis yapın.

98. Armut ve Gorgonzola Paella

İÇİNDEKİLER:
- 2 su bardağı Arborio pirinci
- 1 soğan, ince doğranmış
- 3 diş sarımsak, kıyılmış
- 2 adet olgun armut, doğranmış
- 1/2 bardak Gorgonzola peyniri, ufalanmış
- 1 sarı dolmalık biber, doğranmış
- 4 su bardağı sebze suyu
- 1 çay kaşığı biberiye
- Bir tutam safran ipliği
- Tatmak için biber ve tuz
- 1/4 su bardağı zeytinyağı

TALİMATLAR:
a) Paella tavasında zeytinyağını orta ateşte ısıtın. Doğranmış soğan ve sarımsağı ekleyin; yumuşayana kadar soteleyin.
b) Arborio pirincini karıştırın, yağa bulayın ve soğan ve sarımsakla karıştırın.
c) Kıyılmış olgun armutları, ufalanmış Gorgonzola peynirini ve doğranmış sarı dolmalık biberi ekleyin.
ç) Sebze suyunu ve safran ipliklerini dökün. Biberiye, tuz ve karabiberle tatlandırın.
d) Pirinç neredeyse hazır olana kadar pişirin. Tencerenin kapağını kapatıp pirinçler tamamen pişene kadar pişmeye bırakın.
e) Sıcak servis yapın.

99. Ahududu ve Brie Paella

İÇİNDEKİLER:
- 2 su bardağı Bomba pirinci
- 1 soğan, ince doğranmış
- 3 diş sarımsak, kıyılmış
- 1 su bardağı taze ahududu
- 1/2 bardak Brie peyniri, doğranmış
- 1 portakal dolmalık biber, dilimlenmiş
- 4 su bardağı sebze suyu
- 1 çay kaşığı balzamik sirke
- Bir tutam safran ipliği
- Tatmak için biber ve tuz
- 1/4 su bardağı zeytinyağı

TALİMATLAR:
a) Paella tavasında zeytinyağını orta ateşte ısıtın. Doğranmış soğan ve sarımsağı ekleyin; yumuşayana kadar soteleyin.
b) Bomba pirincini karıştırın, yağa bulayın ve soğan ve sarımsakla karıştırın.
c) Taze ahududu, doğranmış Brie peyniri ve dilimlenmiş portakal dolmalık biberi ekleyin.
ç) Sebze suyunu ve safran ipliklerini dökün. Balzamik sirke, tuz ve karabiberle tatlandırın.
d) Pirinç neredeyse hazır olana kadar pişirin. Tencerenin kapağını kapatıp pirinçler tamamen pişene kadar pişmeye bırakın.
e) Sıcak servis yapın.

100. Kivi ve Macadamia Fındıklı Paella

İÇİNDEKİLER:

- 2 su bardağı Calasparra pirinci
- 1 soğan, ince doğranmış
- 3 diş sarımsak, kıyılmış
- 2 kivi, soyulmuş ve dilimlenmiş
- 1/2 bardak kıyılmış macadamia fıstığı
- 1 yeşil dolmalık biber, doğranmış
- 4 su bardağı sebze suyu
- 1 çay kaşığı limon kabuğu rendesi
- Bir tutam safran ipliği
- Tatmak için biber ve tuz
- 1/4 su bardağı zeytinyağı

TALİMATLAR:

a) Paella tavasında zeytinyağını orta ateşte ısıtın. Doğranmış soğan ve sarımsağı ekleyin; yumuşayana kadar soteleyin.

b) Calasparra pirincini karıştırın, yağa bulayın ve soğan ve sarımsakla karıştırın.

c) Doğranmış kivi meyvelerini, doğranmış macadamia fıstıklarını ve doğranmış yeşil dolmalık biberi ekleyin.

ç) Sebze suyunu ve safran ipliklerini dökün. Misket limonu kabuğu rendesi, tuz ve karabiberle tatlandırın.

d) Pirinç neredeyse hazır olana kadar pişirin. Tencerenin kapağını kapatıp pirinçler tamamen pişene kadar pişmeye bırakın.

e) Sıcak servis yapın.

ÇÖZÜM

"Pirinç, Baharat ve Güzel Olan Her Şey: Paella İncili" kitabının son sayfalarına geldiğimizde, İspanyol mutfağının mükemmelliğinin kalbine doğru bu maceradan keyif aldığınızı umuyoruz. İster klasik paellaları yeniden yaratmış olun ister yenilikçi varyasyonları denemiş olun, damak zevkinizin İspanya'nın özünü tadacağına inanıyoruz.

Paellanın bir yemekten çok daha fazlası olduğunu unutmayın; bu bir kültür kutlaması, paylaşma zevkinin bir kanıtı ve mutfaktaki yaratıcılığınız için bir tuval. Mutfak keşiflerinize devam ederken, İspanya'nın lezzetleri mutfağınızda kalsın ve paella ruhu yemek pişirme çabalarınızı zenginleştirsin.

Bu gastronomik yolculukta bize katıldığınız için teşekkür ederiz. Paellalarınız her zaman pilavla, baharatla ve güzel olan her şeyle dolu olsun. Eğlence!

Lightning Source LLC
LaVergne TN
LVHW021703060526
838200LV00050B/2477